A. Ostertag, K. Buchholz, K. Klesse, R. Schmidt
Mitbestimmung und Interessenvertretung –
Unterrichtsmaterial

Erich Oberpichler

Qualifizierte Mitbestimmung in Theorie und Praxis

Herausgegeben von Rudolf Judith, Friedrich Kübel, Eugen Loderer, Hans Schröder, Heinz Oskar Vetter

Editorial

Wirtschaftliche Mitbestimmung ist eine der wichtigsten gesellschaftspolitischen Aufgaben unserer Zeit.
In der arbeitsteiligen und hochtechnisierten Arbeitswelt genießt der Mensch nur dann Gleichberechtigung, wenn seine wirtschaftlichen Mitbestimmungsrechte gesichert sind. Die Arbeitswelt wird nur dann umfassend menschenwürdig gestaltbar sein, wenn die Vertreter der Arbeitnehmerinteressen mit den gleichen Rechten wie die Vertreter der Kapitalinteressen die Unternehmensentscheidungen kontrollieren. Es ist Aufgabe der Gewerkschaftsbewegung, nach dem Sieg der politischen Demokratie in unserem Land auch die wirtschaftliche Demokratie zu verwirklichen.
Nach 1945 konnte im Kohlebergbau und in der Eisen- und Stahlindustrie die qualifizierte Mitbestimmung durchgesetzt werden. Seit 1951 ist diese Form der wirtschaftlichen Mitbestimmung in der Bundesrepublik Deutschland gesetzlich geregelt. Für die Gewerkschaften im DGB ist die qualifizierte Mitbestimmung im Montanbereich stets ein Modell für die Gesamtwirtschaft gewesen, sie bleibt weiterhin die konkrete Forderung der Gewerkschaften nach Demokratisierung der Wirtschaft.
Diese Buchreihe stellt sich zur Aufgabe, die Idee und den Erfahrungsschatz der qualifizierten Mitbestimmung zu dokumentieren und damit einen Beitrag zu leisten für die demokratische Fortentwicklung von Wirtschaft und Gesellschaft.

Die Herausgeber

Adi Ostertag
Klaus Buchholz
Konrad Klesse
Rainer Schmidt

Mitbestimmung und Interessenvertretung

Unterrichtsmaterial

Bund-Verlag

Gedruckt mit Unterstützung der Hans-Böckler-Stiftung

CIP-Kurztitelaufnahme der Deutschen Bibliothek

Mitbestimmung und Interessenvertretung : Unterrichtsmaterial / Adi Ostertag ... – Köln : Bund-Verlag, 1981.
  (Qualifizierte Mitbestimmung in Theorie und Praxis ; 6)
  ISBN 3-7663-0504-2
NE: Ostertag, Adi [Mitverf.]; GT

© 1981 by Bund-Verlag GmbH, Köln
Redaktion: Jürgen Peters, Hans-Adam Pfromm
Lektorat: Gunther Heyder
Herstellung: Heinz Biermann
Druck: Georg Wagner, Nördlingen
ISBN 3-7663-0504-2
Printed in Germany 1981
Alle Rechte vorbehalten, insbesondere das des öffentlichen Vortrags, der Rundfunksendung und der Fernsehausstrahlung, der fotomechanischen Wiedergabe, auch einzelner Teile.

Inhalt

1. Einleitung 7

2. Sachanalyse 11
   2.1 Fallbeispiele 11
   2.2 Die gegensätzlichen Interessen von Kapital und Arbeit 16
   2.3 Geschichtliche Entwicklung 18
   2.4 Die Auseinandersetzungen um die Montanmitbestimmung 1951 und um ein Betriebsverfassungsgesetz 34
   2.5 Auf dem Weg zu einem neuen Betriebsverfassungsgesetz 35
   2.6 Die Auseinandersetzungen um das Mitbestimmungsgesetz 1976 . 37
   2.7 Der Angriff auf die Montanmitbestimmung 40
   2.8 Perspektiven der Mitbestimmung 41

3. Richtlinien-Analysen 46
   3.1 Vorbemerkungen 46
   3.2 Aus den »Rahmenrichtlinien Gesellschaftslehre« 47
   3.3 Aus den »Rahmenrichtlinien Polytechnik-Arbeitslehre« 47
   3.4 Aus den Richtlinien »Technik-Wirtschaft« 48
   3.5 Aus den Richtlinien für den »Politikunterricht« 51
   3.6 Leitsätze des Deutschen Gewerkschaftsbundes zur Arbeitslehre . 53

4. Schulbuch-Analysen 54

5. Literatur 57
   5.1 Grundlagenliteratur für Lehrer 57
   5.2 Unterrichtseinheiten 59
   5.3 Schulbücher und Schulbuch-Analysen 60
   5.4 Schülermaterialien 61

6. Audio-visuelle Medien 62
   6.1 Zur Arbeit mit Filmen 62
   6.2 Übersicht 66
   6.3 Filme als Leitmedien 72

7. Didaktisch-methodische Überlegungen 88
   7.1 Einschätzungen von Schülern und Lehrern zum Thema Mitbestimmung 88
   7.2 Didaktischer Ansatz zum Konzept eines »offenen Unterrichts« . . 91
   7.3 Methodische Möglichkeiten 92

8. Unterrichtspraktischer Teil 97
   8.1 Unterrichtseinheit 1: Mitbestimmung in der Schule und im Betrieb 97
   8.2 Unterrichtseinheit 2: Überbetriebliche Mitbestimmung und Interessenvertretung 99
   8.3 Unterrichtseinheit 3: Mitbestimmung und Interessenvertretung in der Berufsausbildung 101
   8.4 Unterrichtseinheit 4: Geschichtliche Entwicklung der betrieblichen und überbetrieblichen Mitbestimmung und Interessenvertretung . 102

9. Materialteil 105

1. Einleitung

Rahmenrichtlinien, amtliche Lehrpläne. Politiker in ihren Reden erheben immer wieder den Anspruch, die Schule möge die Schüler auf ihre soziale Lage als abhängig Beschäftigte vorbereiten. Konfliktträchtig wird diese Forderung dann, wenn Bildungspolitiker präzisieren, was sie unter sozialer Lage der abhängig Beschäftigten verstehen.
So formuliert ein bayrischer Kultusminister, daß Erziehung den Schülern Kraft geben soll, »... auf etwas verzichten zu können. Sie (die Erziehung, d. V.) soll helfen, Anstandsregeln zu beachten ... Es ist in unserer komplizierten Massengesellschaft unverzichtbar, daß Menschen gelernt haben, pünktlich, aufmerksam, verträglich, friedfertig und ruhig zu sein.«
Dieser Auffassung von Erziehung setzt dieses Buch folgende Position entgegen:
Die Schule soll helfen, die Schüler auf die betriebliche und gesellschaftliche Realität vorzubereiten. In dieser Wirtschafts- und Gesellschaftsordnung kann man nur bestehen, wenn man interessenbezogenes Denken und solidarisches Handeln gelernt hat. Dabei wird der Betrieb als Ort fortwährender, mehr oder weniger offener Konflikte begriffen, die sich aus den unterschiedlichen Interessen von Unternehmern und abhängig Beschäftigten ergeben.
Der größte Teil der Schüler wird nach Vollendung seiner schulischen Ausbildung gezwungen sein, als abhängig Beschäftigte ihre Arbeitskraft zu verkaufen. Soll die Forderung »Nicht für die Schule, sondern für das Leben lernen wir« ernst genommen werden, so bedeutet die Umsetzung dieser Forderung, daß Schüler in der Lage sein müssen, ihre Interessen zu erkennen, Forderungen zu formulieren und solidarisches Handeln zur Durchsetzung dieser Forderungen praktizieren zu können. Dies wäre das, was für das Leben gelernt werden muß.
Die Tatsache, daß mehr als 80 Prozent der Bevölkerung abhängig Beschäftigte sind, widerlegt auch schlagend alle Versuche, Unterricht unter das Postulat der Ausgewogenheit oder das Kriterium der Pluralität zu stellen. Berücksichtigt man die zukünftige soziale Lage der Schüler als abhängig Beschäftigte, so verlangt diese, einen Unterricht zu gestalten, der sich an den Interessen der abhängig Beschäftigten orientiert. Orientierung des Unterrichts an den Interessen der abhängig Beschäf-

tigten und Befähigung zu solidarischem, interessengeleitetem Handeln ist die allgemeine Forderung, die die Gewerkschaften an das Bildungssystem stellen. Gerade aber dieser Anspruch wird von konservativen Kräften heftig bekämpft. Jenen Kräften, die diesen Anspruch als Angriff auf die Freiheit verleumden, ist entgegenzuhalten, daß diese Freiheit erst dann erreicht wird, wenn sich Lehrer die Freiheit nehmen, den arbeitenden Menschen und dessen allseitige Entfaltung in das Zentrum ihrer Bemühungen zu stellen.

Um diesen Anspruch realisieren zu können, wird den Lehrern dieses Buch als Hilfe an die Hand gegeben. Es geht von zwei Voraussetzungen aus:

1. Die Schüler sind auf ihre zukünftige soziale Lage als abhängig Beschäftigte vorzubereiten.
2. Lehrer brauchen Unterstützung bei der Aufbereitung von thematischen Schwerpunkten für die Unterrichtsgestaltung.

Deshalb versteht sich dieses Buch als Arbeitshilfe für die Unterrichtspraxis. Darüber hinaus liefert es Material für die aktuelle Auseinandersetzung um die Montanmitbestimmung. Es wird davon ausgegangen, daß die Vorschläge von den Lehrern jeweils für die konkrete unterrichtliche Situation aufbereitet werden. Die Themenstellung »Mitbestimmung und Interessenvertretung« im Unterricht angemessen zu behandeln, stellt Lehrer vor eine schwierige Aufgabe. Es geht dabei nicht um eine neutrale Darstellung technisch-organisatorischer oder ökonomischer Prozesse. Vielmehr geht es um die Darstellung und Behandlung der gegensätzlichen Interessen von abhängig Beschäftigten und Unternehmern im Betrieb sowie die Diskussion von Demokratisierungsstrategien der Gewerkschaften.

Die Schüler sind noch nicht unmittelbar Betroffene. Aus ihrer Perspektive werden sie aber ihre künftige Interessenlage erkennen und notwendigerweise Partei ergreifen müssen. Auf ihre soziale Lage als abhängig Beschäftigte vorbereitet zu sein, schließt mit ein, daß sie auch befähigt werden, ihre Interessen zu artikulieren und dementsprechend zu handeln.

Die Arbeitswelt ist wegen ihrer komplexen Struktur und der Vielfalt der Erscheinungsformen für die meisten Lehrer schwer erkennbar bzw. durchschaubar. Lehrern fehlt aufgrund ihrer Ausbildung häufig der unmittelbare Einblick in die Arbeitswelt. Dies ist zum einen der Form der Lehreraus- und -weiterbildung, zum anderen aber auch der Organisation des Schulbetriebs anzulasten, der den Lehrern wenig Zeit läßt, sich angemessen mit diesen Problemen zu befassen. Darüber hinaus sind die zahllosen Regelungen für das Arbeitsleben (Gesetze, Verordnungen, Tarifverträge, Betriebsvereinbarungen, Rechtsprechung) nur den Experten geläufig, ganz zu schweigen von deren Anwendung und Kontrolle bzw. den Auseinandersetzungen darüber.

Das folgende Schema soll dem Lehrer die notwendige Orientierung erleichtern, indem es die einzelnen Teile des Buches nach einem möglichen Planungsverlauf ordnet.

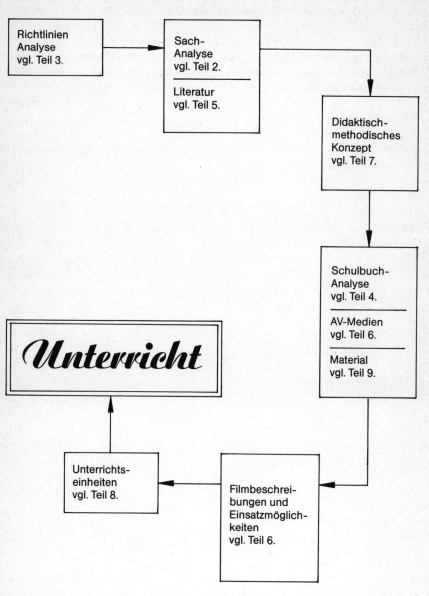

Zur weiteren *Erleichterung des Lehrers* im Umgang mit diesem Buch verweisen wir auf die Kurzbezeichnungen:
- M = Material im Teil 9.
  Dieses Material ist so aufbereitet, daß es als Schülermaterial für den Unterricht fotokopiert werden kann.
- F = Filme im Teil 6.

Nicht zuletzt danken wir allen Kolleginnen und Kollegen, die mit ihren Anregungen und ihren Diskussionsbeiträgen am Zustandekommen dieses Buches Anteil hatten. Insbesondere danken wir unserer Kollegin Heike Rausch für ihre umsichtige Arbeit beim Erstellen des Manuskripts.

Die Verfasser

2. Sachanalyse

2.1 Fallbeispiele

Drei konkrete Fälle sollen helfen, einen Zugang zum Thema Mitbestimmung und Interessenvertretung zu finden. Insbesondere sollen diese Beispiele
- das Verhältnis von abhängig Beschäftigten und Unternehmern aufzeigen,
- die unterschiedlichen gesetzlichen und tarifvertraglichen Möglichkeiten der Mitbestimmung von abhängig Beschäftigten bzw. ihrer Vertreter bei Unternehmensentscheidungen verdeutlichen,
- die unterschiedlichen Qualitäten von Einwirkungsmöglichkeiten darstellen,
- die unterschiedlichen Ebenen der Mitbestimmung (Arbeitsplatz, Betrieb, Unternehmen, Gesellschaft) konkretisieren.

Beispiel a) Aktuelle Auseinandersetzung um die Montanmitbestimmung[1]

Den 60. Geburtstag des 1. Vorsitzenden der IG Metall nahm der Vorstandsvorsitzende der Mannesmann AG zur Gelegenheit, um über eine geplante Umstrukturierung des Mannesmann-Konzerns zu informieren. Durch diese Maßnahme entfallen die Voraussetzungen für die qualifizierte Mitbestimmung nach dem Montan-Modell in der Konzernspitze **(M 3, 7–9)**. Zwar blieb die Montanmitbestimmung in den Aufsichtsräten einiger Konzern-Töchter erhalten; aber in der Muttergesellschaft – also dort, wo die Konzernpolitik beschlossen wird – würden Arbeitnehmervertreter und ihre Gewerkschaften nicht mehr gleichberechtigt mit den Vertretern der Kapitalseigner mitbestimmen können. Die Empörung der Gewerkschaft, der Arbeitnehmer nahm nach dem Bekanntwerden dieses Vorhabens konkrete Formen an, da dieses Vorgehen der Unternehmensleitung sich gegen die Montanmitbestimmung insgesamt richtet und nicht auf den Mannesmann-Konzern beschränkt bleibt.
In Protestveranstaltungen und spontanen Arbeitsniederlegungen dokumentierten sie ihren Willen, die Montanmitbestimmung zu erhalten. Es wird deutlich, daß

---

[1] Zur genaueren Information über die Strategie des Mannesmann-Konzerns vgl. Der Angriff, Mannesmann gegen Mitbestimmung, Frankfurt/Main 1980.

dieses Vorgehen der Unternehmensleitung sich gegen die Montanmitbestimmung insgesamt richtet und nicht auf den Mannesmann-Konzern beschränkt.
Herbert Wehner beschreibt dieses Vorhaben als einen Versuch,

».. . das wenige, das seit Gründung dieser zweiten Republik an Mitentscheidungsrechten der Arbeitnehmer durchgesetzt und gesetzlich gesichert wurde . . .«

zu beseitigen. Infolge dieser Zusage formulieren 213 Bundestagsabgeordnete der sozialdemokratischen Fraktion einen Gesetzesentwurf, der die Montanmitbestimmung langfristig sichern soll.
Nach zwischenzeitlich durchgeführten Bundestagswahlen wird ein Koalitionsentwurf vereinbart, der die Montanmitbestimmung nur für ca. sechs Jahre erhalten und das Benennungsrecht der Gewerkschaften für ihre Vertreter im Aufsichtsrat abschaffen soll.
Die IG Metall kündigt Aktivitäten zum Erhalt der Montanmitbestimmung an, weil sie diesen Kompromiß nicht akzeptiert.

Beispiel b) Werksschließung DEMAG Kalletal

Im November 1976 lag die Arbeitslosigkeit in Kalletal bei 6,2 Prozent, das waren 2 Prozent über dem Bundesdurchschnitt. Entscheidend für diese Tatsache war die Schließung eines Werkes der DEMAG Kunststofftechnik, Werk Kalldorf. Die Entscheidung der DEMAG wurde mit mangelnder Auslastung der Anlagen aufgrund allgemeiner Strukturveränderung im Kunststoffmarkt begründet.
Dieses Werk war 1969 von der Firma Stübbe auf den DEMAG-Konzern übergegangen. Es beschäftigte damals 1218 Arbeitnehmer. Entgegen den Aussagen der Geschäftsleitung, den Beschäftigtenstand auf 2500 zu erhöhen, wurden bis 1975 ca. 1900 entlassen. Das Werk wurde dann am 31. März 1976 trotz wiederholter Kundgebungen und Arbeitsniederlegungen der Belegschaft stillgelegt. Dabei hatten sich die Gegenaktivitäten nicht nur auf das unmittelbar betroffene Werk beschränkt. Die Bevölkerung der betroffenen Ortschaft reihte sich ebenso in die Front der Gegner einer Werksschließung ein wie Betriebe, die ebenfalls zum DEMAG-Konzern gehörten.
In Informationsveranstaltungen, die sich an die Bevölkerung wandten, wurden Interessierte auf Ziel und Problematik dieser Auseinandersetzung hingewiesen.
Zwar konnte durch diese geschlossene, konsequente Unterstützung der Belegschaft und der Bevölkerung ein Sozialplan durchgesetzt werden. Die Unternehmensleitung hatte aber ihr Ziel, das Werk zu schließen, erreicht. **(F 12)**

Beispiel c) Lohnkürzung wegen Krankheit

Nach 20jähriger Betriebszugehörigkeit hatte ein Obermonteur einen schweren Arbeitsunfall. Nach eineinvierteljähriger Arbeitsunfähigkeit sollte der Kollege auf ärztlichen Rat eine leichte, sitzende Tätigkeit für zunächst drei Stunden am Tag verrichten. Nach drei Monaten Eingewöhnungszeit sollte er dann wieder acht Stunden arbeiten. Der Chef erklärte dazu kurz und bündig: »In den nächsten zwei Monaten tritt ein Gesetz in Kraft, danach müßte ich dem ehemaligen Obermonteur eine hohe Abfindung zahlen, falls ich ihn dann entlassen will. Zusätzlich kommt noch ab 1. Januar 1970 das Lohnfortzahlungsgesetz hinzu. Ich will den Mann darum sofort entlassen.«

Dier Betriebsrat, dem dieses erklärt wurde, schaltete die Rechtsabteilung der IG Metall ein und erhob beim zuständigen Arbeitsgericht Widerspruch. Die Firma wurde von der IG Metall auf eine mögliche Klage vor dem Arbeitsgericht hingewiesen, denn in einem Betrieb mit 150 Beschäftigten müsse ein geeigneter Arbeitsplatz für leichte Arbeiten vorhanden sein.

Daraufhin bekam der Kollege eine geeignete Beschäftigung. Der Chef versuchte es später noch einmal mit Lohnabzug, aber auch das wurde vom Betriebsrat vereitelt. (Bericht eines Betriebsratsmitgliedes aus einem Handwerksbetrieb.)

Die Beispiele zeigen:
Das Verhältnis von abhängig Beschäftigten und Unternehmern ist von Gegensätzen bestimmt. Die Interessen der Unternehmer zielen auf höchstmöglichen Gewinn im Verhältnis zum eingesetzten Kapital. Alles, was diesen Interessen entgegensteht (wie z. B. höhere Löhne oder Aufwendungen, die erträgliche Arbeitsbedingungen schaffen, aber dem Produktionsergebnis entgegenstehen), müssen sie zu vermeiden bzw. zu umgehen versuchen. Dazu gehören letztlich auch Rechte der Arbeitnehmervertretungen, die eine rigorose Durchsetzung dieser Ziele verhindern können, wie das Beispiel a) zeigt. Denn: die Existenz des Unternehmers besteht in der Konkurrenz zu anderen. Die Interessen der abhängig Beschäftigten sind dem notwendigerweise entgegengesetzt. Sie wollen für ihre Arbeitskraft einen möglichst hohen Lohn erhalten, gesicherte Arbeitsplätze und erträgliche Arbeitsbedingungen haben.

Im Beispiel b) steht das Konzerninteresse optimaler Nutzung und Auslastung vorgeschossenen Kapitals in Form von Maschinen und Anlagen dem Interesse der Belegschaft an sicheren Arbeitsplätzen entgegen. Denn diese Arbeitsmarktregion bietet kaum Beschäftigungsalternativen.

Auch das dritte Beispiel belegt die gegensätzlichen Interessenlagen. Hier steht dem Unternehmerinteresse nach möglichst voller Einsatzfähigkeit der Ware Arbeitskraft der Anspruch des Arbeitnehmers auf einen Arbeitsplatz auch bei Leistungsminderung gegenüber.

Darüber hinaus verdeutlichen die Beispiele auch die unterschiedlichen Einwirkungsmöglichkeiten von abhängig Beschäftigten bzw. ihrer Vertretungen bei Unternehmensentscheidungen. Konnte sich der Betriebsrat bei einer Entlassung auf Einwirkungsmöglichkeiten nach dem Betriebsverfassungsgesetz berufen, die dem Unternehmer die Durchsetzung seiner Interessen erschweren, so fehlt eine ähnliche Möglichkeit bei Unternehmensentscheidungen über Investitionen; Weiterführung, Schließung von Betriebsteilen bzw. ganzen Betrieben völlig. Hier besteht nur eine Informationsverpflichtung dem Betriebsrat gegenüber.

Bestehen auf Unternehmensebene bzw. auf Betriebsebene unterschiedliche Einflußmöglichkeiten auf Unternehmensentscheidungen, so fehlen sie im überbetrieblichen Bereich völlig. Im Fall b) wird dies in einem Brief des nordrheinwestfälischen Ministerpräsidenten an den Bezirksleiter der IG Metall deutlich. Dort heißt es: »Allerdings wurde auch nie ein Zweifel daran gelassen, daß die Landesregierung keinen unmittelbaren Einfluß auf die ausschließlich unternehmenspolitische Entscheidung über die Stillegung oder Fortführung eines Werkes auszuüben vermag ...«[2]

Diese Aussage der Landesregierung ist wie kaum eine andere geeignet, die Notwendigkeit überbetrieblicher Mitbestimmung zu begründen, verweist aber auch gleichzeitig darauf, daß solche Mitbestimmungsmöglichkeiten von Arbeitnehmern auf der Ebene der Gesamtwirtschaft völlig fehlen.

Wurden in den Beispielen b) und c) die bestehenden Mitbestimmungsrechte der abhängig Beschäftigten und ihrer Gewerkschaften erläutert und die Grenzen der Mitbestimmungsmöglichkeiten aufgezeigt, so zeigt das Beispiel a), daß einmal erkämpfte Rechte der abhängig Beschäftigten veränderbar sind. Sie legen nur vorübergehend einen Status quo fest. Das jeweilige Kräfteverhältnis zwischen Kapital und Arbeit entscheidet darüber, ob Rechte der abhängig Beschäftigten erhalten bleiben oder ob es Unternehmensleitungen und ihren Verbänden gelingt, Rechte der abhängig Beschäftigten abzubauen.

Entsprechende Rechte müssen also einerseits nicht nur immer wieder in den tagtäglichen Auseinandersetzungen in den Betrieben mit Leben erfüllt werden, sondern andererseits muß auch um den Erhalt und die Erweiterung bestehender Rechte gekämpft werden. Außerdem wird aus den Beispielen die unterschiedliche Qualität von Einwirkungsmöglichkeiten der Interessenvertretung auf den verschiedenen Ebenen
– Arbeitsplatz,
– Betrieb,
– Unternehmen,
– Gesamtwirtschaft
deutlich.

2 Vgl. Das Ende in Kalletal – Dokumentation, Teil 2, Münster 1977, S. 102.

Diese weiter oben nur kurz skizzierten Grenzen gesetzlicher Bestimmungen machen die unterschiedliche Qualität von Einwirkungsmöglichkeiten auf den unterschiedlichen Ebenen deutlich. Besteht auf der Ebene des Betriebes nach dem Betriebsverfassungsgesetz 1972 noch ein Mitbestimmungsrecht des Betriebsrates in sozialen Angelegenheiten (z. B. § 87) **(M 26, 32),** so sind bei Unternehmensentscheidungen über Investitionen, Schließungen, Umbau, Verkauf, Änderung des Produktionsverfahrens usw. nur Beratungs- und Informationsrechte des Betriebsrates vorgegeben (z. B. § 111 BetrVG 1972).

Auf Unternehmensebene sind die Einwirkungsmöglichkeiten durch das Montanmitbestimmungsgesetz, das Mitbestimmungsgesetz 1976 und das Betriebsverfassungsgesetz 1972, die die Beteiligung von Arbeitnehmervertretern im Aufsichtsrat regeln, festgelegt. Diese drei Gesetze zeigen die unterschiedlichen Reichweiten der Einwirkungsmöglichkeiten der abhängig Beschäftigten auf Unternehmensentscheidungen. Sitzen sich im Aufsichtsrat nach dem Montanmitbestimmungsgesetz noch Arbeitnehmervertreter und Vertreter der Kapitaleigner in gleicher Anzahl gegenüber, so sichert das Mitbestimmungsgesetz 1976 den Kapitaleignern das Letztentscheidungsrecht, während des Betriebsverfassungsgesetz 1972 Arbeitnehmervertretern nur die sogenannte »Drittelparität« einräumt.

Halten wir also fest: Es gibt Einwirkungsmöglichkeiten, die abhängig Beschäftigten bzw. ihren Vertretungen Einfluß auf Unternehmensentscheidungen ermöglichen. Diese Einwirkungsmöglichkeiten haben eine unterschiedliche Reichweite. Sie erlauben es, die Auswirkungen von Unternehmensentscheidungen im Sinne der abhängig Beschäftigten zu beeinflussen. Die Mitbestimmungsmöglichkeiten abhängig Beschäftigter finden aber ihre Grenze dort, wo es darum geht, Entscheidungen auf wirtschaftlichem Gebiet zu beeinflussen.

Es wird also im folgenden darum gehen, die **ZIELSETZUNG** von Mitbestimmung, ihre **GESCHICHTE** und **PERSPEKTIVE** zu verdeutlichen.

Die Wirtschaftskrisen in der Bundesrepublik haben gezeigt, welche Folgen abhängig Beschäftigte zu tragen haben, wenn wirtschaftliche und gesellschaftliche Entwicklungen den Gewinninteressen von Unternehmen untergeordnet werden. Von diesen Unternehmensentscheidungen sind abhängig Beschäftigte und ihre Interessenvertretungen weitgehend ausgeschlossen. Abhängig Beschäftigte haben also kaum Einflußmöglichkeiten darauf, ob und unter welchen Bedingungen sie produzieren und was sie produzieren. Den Gewinninteressen der Unternehmer setzen die Gewerkschaften die Forderung einer beschäftigungsorientierten Wirtschaftspolitik entgegen, daß die »Entscheidungen über Beschäftigung und Produktion, über Investition und Preise ... nicht primär an den Gewinninteressen der Unternehmer orientiert sein ... (dürfen). Sie müssen statt dessen an den Bedürfnissen der Bevölkerung ausgerichtet werden.«[3]

---
3 Vgl. Antrag 73, 11. ordentlicher Bundeskongreß des Deutschen Gewerkschaftsbundes 1979, Seite 79.

Weiter fordert der DGB: ».. . eine Wirtschaftspolitik, die dem Vollbeschäftigungsziel vor anderen Zielen einen absolut höheren Rang einräumt . . .«[4] Um diesen Zielen näherzukommen, fordert der DGB eine offensive staatliche Konjunktur- und Strukturpolitik, die den beschäftigungspolitischen Zielsetzungen Vorrang einräumt. Zur Verbesserung der Durchsetzungsmöglichkeiten strukturpolitischer Ziele, wie zum Beispiel eine beschäftigungsorientierte Branchenpolitik, die Investitionsentscheidungen einschließt, fordert der DGB eine demokratische Beteiligung der Arbeitnehmer und ihrer Gewerkschaften auf der Grundlage des DGB-Konzepts zur gesamtwirtschaftlichen Mitbestimmung.

Unterhalb der Ebene der gesamtwirtschaftlichen Mitbestimmung besteht ein weiteres Instrument einer beschäftigungsorientierten Wirtschaftspolitik darin, Arbeitnehmern Mitbestimmung und damit Kontrolle der Verfügungsgewalt über Produktionsmittel dort zu ermöglichen, wo wirtschaftliche Macht ausgeübt wird: in Unternehmen und im Betrieb. Dies schließt die Forderung nach Mitbestimmung am Arbeitsplatz durch gewerkschaftliche Vertrauensleute ebenso ein wie die qualifizierte Mitbestimmung in den Aufsichtsräten großer Unternehmen und Konzerne[5].

2.2 Die gegensätzlichen Interessen von Kapital und Arbeit

Das Verhältnis von abhängig Beschäftigten und Unternehmern ist von Gegensätzen bestimmt.
Die **INTERESSEN DER UNTERNEHMER** sind auf höchstmöglichen Gewinn für das eingesetzte Kapital gerichtet. Alles, was diesem Interesse entgegensteht, versuchen sie zu vermeiden oder zu umgehen – letztlich bekämpfen sie es.
(M 31)
Die **INTERESSEN DER ABHÄNGIG BESCHÄFTIGTEN** sind notwendigerweise dem entgegengesetzt. Sie wollen für ihre Arbeitskraft einen möglichst hohen Lohn erhalten, gesicherte Arbeitsplätze haben und erträgliche Arbeitsbedingungen. **(M 30)**
Diese **Interessengegensätze** zwischen Unternehmern (Kapital) und abhängig Beschäftigten (Arbeit) sind wesentliches Bestimmungsmerkmal einer kapitalistischen Wirtschafts- und Gesellschaftsordnung. Bei der Durchsetzung ihrer Interessen waren und sind auch heute noch die Unternehmer immer deshalb im Vorteil, weil sie die Produktionsmittel besitzen oder über sie verfügen. Sie besitzen die Werkzeuge und Maschinen, die die Arbeiter benötigen, um durch ihre Arbeit Produkte herstellen zu können. Wer über Produktionsmittel verfügt, kann

---

4 Vgl. ebenda.
5 Vgl. Antrag 17, a.a.O., Seite 31.

gleichzeitig bestimmen
- was produziert wird,
- unter welchen Arbeitsbedingungen produziert wird,
- wie die Ergebnisse der Produktion verteilt werden,
- mit wem produziert wird.

Über das **WAS** der Produktion zu entscheiden, bedeutet festzulegen, ob zum Beispiel Autos oder Nahschnellverkehrsmittel zur Verfügung stehen; ob Produkte möglichst lange halten oder schnell kaputtgehen usw.

Über das **WIE** der Produktion zu entscheiden, heißt festzulegen, unter welchen Bedingungen abhängig Beschäftigte arbeiten müssen.

Wer über die **VERTEILUNG** des Produktionsergebnisses entscheidet, legt fest, wer sich was leisten kann; ob überhaupt und wie und wo der erwirtschaftete Überschuß verwendet wird, d. h. ob bzw. welche Arbeitsplätze geschaffen werden.

Wer darüber entscheidet, mit **WEM** produziert wird, legt die Anforderungen an Qualifikation, Leistungsfähigkeit, Alter, Geschlecht usw. fest.

Seitdem die Arbeiter in ihren Gewerkschaften ein wirksames Instrument zur Durchsetzung ihrer Forderungen haben, verschiebt sich das Kräfteverhältnis zwischen Arbeit und Kapital.

Der Interessengegensatz zwischen Unternehmern und abhängig Beschäftigten

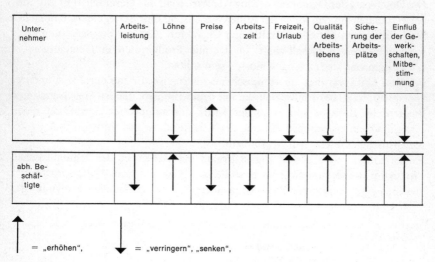

Quelle: DGB-Bundesvorstand (Hrsg.): Gewerkschaften und Mitbestimmung, Referentenleitfaden aus dem Curriculumprojekt »Mitbestimmung und politische Bildung«. Düsseldorf 1977, S. 170.

Von den ersten Forderungen nach Fabrikausschüssen bis zur Verabschiedung des Betriebsrätegesetzes sind 70 Jahre, bis zum Montanmitbestimmungsgesetz über 100 Jahre vergangen.
Dennoch sind die Forderungen der organisierten Arbeitnehmerschaft nach Demokratie auch am Arbeitsplatz, im Betrieb, im Unternehmen und in der Gesamtwirtschaft noch nicht erfüllt.
Gemessen an diesen Zielen wird einerseits deutlich, daß der Kampf der arbeitenden Menschen trotz unbestreitbarer Rückschläge und Niederlagen erfolgreich war, andererseits, daß weitere Anstrengungen zur Durchsetzung des angestrebten Ziels nach Demokratisierung der Wirtschaft erforderlich sind.
Bei dem nun folgenden geschichtlichen Überblick sollen die zuvor dargestellten Ebenen der Mitbestimmung berücksichtigt werden:
Es geht um die Mitbestimmung der abhängig Beschäftigten und damit ihrer Gewerkschaften auf den Ebenen
– des Arbeitsplatzes,
– des Betriebes,
– des Unternehmens,
– der Gesamtwirtschaft.

2.3 Geschichtliche Entwicklung[6]

Die Geschichte der Demokratisierung von Wirtschaft und Gesellschaft ist untrennbar verbunden mit den Ideen der frühen Sozialisten. Ihre Bewegung zu Beginn des 19. Jahrhunderts hatte sozialkritischen Charakter. Ziel war die Schaffung einer menschenwürdigen Gesellschaft, in der alle Produzenten in Gemeinschaften (Assoziationen) zusammengeschlossen sein sollten.
Für Karl Marx war dies ein »utopischer Sozialismus«. Er gab den Ideen und der spontanen Praxis der Frühsozialisten mit dem wissenschaftlichen Sozialismus eine theoretische Basis, indem er in der Kritik des »utopischen Sozialismus« den eigenständigen historischen Auftrag der Arbeiterklasse zur Verwirklichung einer sozialistischen Gesellschaft begründete.
Er formulierte »die Kritik der entfremdeten Arbeit in der kapitalistischen Produktionsweise, und zwar als Ursache und Folge des Grundwiderspruchs, der zwischen gesellschaftlicher Produktion einerseits und individueller Aneignung der

---

6 Dieser Abschnitt orientiert sich unter anderem an dem Buch von Schneider/Kuda: Mitbestimmung, München 1969.
Für den Unterricht verwendbare Medien zum geschichtlichen Aspekt sind u. a. (vgl. 6.2):
Dia-Serie: – Geschichte der Mitbestimmung
– Der eigene Feiertag. Die Geschichte des 1. Mai.
Film F 5: – Zur Geschichte der Betriebsverfassung

Produktionsmittel andererseits besteht. Er entwarf das Ziel der assoziierten Arbeit zu sich selbst gekommener freier Menschen als Ergebnis des revolutionären Klassenkampfes ... Ein Patentrezept für den Weg, für die einzelnen Etappen aber konnte und wollte er nicht liefern.«[7]

In der Folge der wissenschaftlichen Durchdringung der kapitalistischen Produktionsweise und der Anwendung dieser Theorie durch die Arbeiterbewegung in den sozialen Auseinandersetzungen wurden Forderungen nach Produktionsgenossenschaften mit und ohne Staatshilfe ebenso als Perspektive der organisierten Arbeiterbewegung formuliert wie die unmittelbare Übernahme der Industrie durch die Arbeiter als Selbstverwaltung.

Erst im Laufe ihrer Entwicklung, d. h. in der konkreten Auseinandersetzung mit den Kapitaleignern und dem feudal-kapitalistischen Staat, löste sich die deutsche Arbeiterbewegung von der Perspektive der – mit Staatshilfe – geschaffenen Produktionsgenossenschaften. Am deutlichsten wird diese Wendung in der Programmatik in folgender Passage des Erfurter Programms der SPD:

»Das Privateigentum an Produktionsmitteln, welches ehedem das Mittel war, dem Produzenten das Eigentum an seinem Produkt zu sichern, ist heute zum Mittel geworden, Bauern, Handwerker und Kleinhändler zu expropriieren und die Nichtarbeiter – Kapitalisten, Großgrundbesitzer – in den Besitz des Produkts der Arbeiter zu setzen. Nur die Verwandlung des kapitalistischen Privateigentums an Produktionsmitteln – Grund und Boden, Gruben und Bergwerke, Rohstoffe, Werkzeuge, Maschinen, Verkehrsmittel – in gesellschaftliches Eigentum und die Umwandlung der Warenproduktion in sozialistische, für und durch die Gesellschaft betriebene Produktion kann es bewirken, daß der Großbetrieb und die stets wachsende Ertragsfähigkeit der gesellschaftlichen Arbeit für die bisher ausgebeuteten Klassen aus einer Quelle des Elends zu einer Quelle der höchsten Wohlfahrt und allseitiger, harmonischer Vervollkommnung werde.

Diese gesellschaftliche Umwandlung bedeutet die Befreiung nicht bloß des Proletariats, sondern des gesamten Menschengeschlechts, das unter den heutigen Zuständen leidet. Aber sie kann nur das Werk der Arbeiterklasse sein, weil alle anderen Klassen, trotz der Interessenstreitigkeiten unter sich, auf dem Boden des Privateigentums an Produktionsmitteln stehen und die Erhaltung der Grundlagen der heutigen Gesellschaft zum gemeinsamen Ziel haben.«

In einem »Entwurf einer Gewerbeordnung für das Deutsche Reich«, den eine Minderheit in der Paulskirchenversammlung 1848 eingereicht hatte, wurden Forderungen für eine Gewerbeordnung aufgestellt, in der den Arbeitern erste Beteiligungsrechte eingeräumt werden sollten. **(M 12)** Dieser Entwurf einer Gewerbeordnung, wie er in der Paulskirche verhandelt wurde, sieht die Bildung von Fabrikausschüssen bzw. auf der Ebene des Gewerbebezirks die Bildung von Fabrikräten vor. In den Fabrikausschüssen sollten ein Mitglied der Fabrikarbeiter und ein Werkmeister sitzen, die von den Arbeitern gewählt wurden. Weiter sollte

---

7 Schneider/Kuda, a.a.O., S. 9.

der Inhaber der Fabrik Mitglied des Fabrikausschusses sein. Die Aufgaben der Fabrikausschüsse sollten in der Vermittlung von Streitigkeiten zwischen Arbeitgebern und Arbeitnehmern bestehen. Ferner sollte es Aufgabe dieser Ausschüsse sein, Fabrikordnungen zu entwerfen, die Krankenunterstützungskasse einzurichten und zu verwalten sowie die Fabrikkinder zu überwachen, insbesondere hinsichtlich des Schulbesuchs.

Auf der Ebene des Bezirkes sollten aus diesen Fabrikausschüssen sogenannte Fabrikräte gebildet werden. Die Zusammensetzung dieser Fabrikräte war ähnlich der der Fabrikausschüsse. Aufgabe der Fabrikräte sollte es ebenfalls sein, Fabrikordnungen zu genehmigen, Arbeitszeiten und Kündigungsfristen festzusetzen, die Anzahl der Lehrlinge im Verhältnis zu den selbständigen Arbeitern zu bestimmen sowie die Krankenunterstützungskasse zu beaufsichtigen.

Deutlich wird bei diesem Entwurf der Repräsentationsgedanke, wie er auch in der verfassungsgebenden Versammlung in der Paulskirche diskutiert wurde. Ebenso deutlich wird die Vorstellung von Fabrikausschüssen und Fabrikräten als einem Ort der Kooperation zwischen Arbeitgebern und abhängig Beschäftigten. Die Eigentumsfrage (vgl. Erfurter Programm) bleibt konsequent ausgeklammert.

Auf der Basis des Repräsentationsgedankens ist es verständlich, daß der Entwurf von einer Interessenvertretung durch Einzelpersonen ausgeht, ohne die Frage nach der Organisation und Koordination der Interessen zu stellen.

Arbeiterausschüsse wurden dennoch in vielen Betrieben eine feste Einrichtung, lange bevor der Gesetzgeber aktiv wurde. Sie hatten allerdings einen gänzlich anderen Charakter als sich die organisierte Arbeiterschaft es vorstellte. Vorrangig waren sie Instrument der Unternehmer, um die Belegschaften zu disziplinieren und sich selbst Ärger und Unannehmlichkeiten vom Hals zu halten. Zunehmend erhielten die Arbeiterausschüsse mit dem Erstarken der Gewerkschaften und der Sozialdemokratie auch die Aufgabe, deren Ideen und Aktivitäten vom Betrieb fernzuhalten.

Als der betriebliche Druck gegen sozialistische Ideen nicht mehr ausreichte, versuchte der Staat, mit dem Zuckerbrot der Sozialgesetzgebung und der Peitsche des Sozialistengesetzes, das die Arbeiterbewegung zerschlagen sollte, deren Erstarken in Deutschland unmöglich zu machen. Selbst das Sozialistengesetz (1878–1890) konnte aber nicht verhindern, daß Gewerkschaften und Sozialdemokratie immer mächtiger wurden. Auch das Gewähren einer Sozialversicherung war einerseits Zugeständnis, das die Herrschenden der erstarkenden Arbeiterbewegung machen mußten, andererseits Teil der Strategie der politisch und ökonomisch Herrschenden, Teile der abhängig Beschäftigten von der Arbeiterbewegung zu spalten und in die bestehenden Machtverhältnisse zu integrieren.

Die organisierte Kraft der Arbeiterbewegung und die für jeden sichtbaren Mißstände führten zum Erlaß Wilhelm II. vom 4. Februar 1890. In ihm heißt es:

»Neben dem weiteren Ausbau der Arbeiter-Versicherungsgesetzgebung sind die bestehenden Vorschriften der Gewerbeordnung über die Verhältnisse der Fabrikarbeiter einer Prüfung zu unterziehen, um den auf diesem Gebiet laut gewordenen Klagen und Wünschen, soweit sie begründet sind, gerecht zu werden. Diese Prüfung hat davon auszugehen, daß es eine Aufgabe der Staatsgewalt ist, die Zeit, die Dauer und die Art der Arbeit so zu regeln, daß die Erhaltung der Gesundheit, die Gebote der Sittlichkeit, die wirtschaftlichen Bedürfnisse der Arbeiter und ihr Anspruch auf gesetzliche Gleichberechtigung gewahrt bleiben. Für die Pflege des Friedens zwischen Arbeitgebern und Arbeitnehmern sind gesetzliche Bestimmungen über die Formen in Aussicht zu nehmen, in denen die Arbeiter durch Vertreter, welche ihr Vertrauen besitzen, an der Regelung gemeinsamer Angelegenheiten beteiligt und zur Wahrnehmung ihrer Interessen bei Verhandlung mit den Arbeitgebern und den Organen meiner Regierung befähigt werden. Durch eine solche Einrichtung ist den Arbeitern der freie und friedliche Ausdruck ihrer Wünsche und Beschwerden zu ermöglichen und den Staatsbehörden Gelegenheit zu geben, sich über die Verhältnisse der Arbeiter fortlaufend zu unterrichten und mit den letzteren Fühlung zu behalten.«[8]

Das Ergebnis war die »Novelle zur Gewerbeordnung«, die am 1. Juni 1891 in Kraft trat.

Bei selbstbewußten Arbeitern, Gewerkschaftern und Sozialdemokraten galten diese Arbeiterausschüsse eher als ein Hemmnis für eine wirklich unabhängige Interessenvertretung, weil sie die Organisationen der Arbeiterschaft weiter aus den Betrieben heraushielten.

Wie vorher nutzten die Unternehmer auch die gesetzlichen Arbeiterausschüsse, um sie für ihre Politik einzuspannen. Da dies zum Teil gelang, zogen einzelne Gewerkschaften Konsequenzen aus dieser Entwicklung, indem sie ein unabhängiges System gewerkschaftlicher Werkstattdelegierter aufbauten.

»Bei den Vertrauensmännern handelte es sich um ausdehnungsfähige Ansätze wirklicher Gegenmachtpositionen. Bei Bedarf konnten sie sich auch als Streitkomitees konstituieren. Die während des Ersten Weltkrieges und dann mit Elementargewalt nach dem Zusammenbruch des kaiserlichen Obrigkeitsstaates entstandenen Arbeitsräte waren eng mit diesen Vertrauensmännern verknüpft, sie hatten nichts mit den Arbeiterausschüssen zu tun.«[9]

Parallel zu dieser Entwicklung bleibt aber festzuhalten, daß weiterhin Gewerkschaften als Tarifvertragsparteien nicht anerkannt waren. Die tatsächlichen Machtverhältnisse zeigt die Tatsache, daß zum Beispiel 1907 allein im Organisationsbereich des DMV 393 Tarifverträge existierten, die über 100 000 Beschäftigte erfaßten[10].

»Rechtsprechung und juristische Literatur standen aufgrund ihres ausschließlich individualistischen Weltbildes den neuen Gesetzen (Kollektive Arbeitsverträge, die durch Gewerkschaften abgeschlossen wurden) zunächst ratlos gegenüber. Die Lehrmeinungen wie Urteile reichten von völliger Unverbindlichkeit des Tarifvertrages über den Vorrang des Einzelar-

---

8 Vgl. Schneider/Kuda, a.a.O., S. 57 ff.
9 Schneider/Kuda, a.a.O., S. 72.
10 Deutscher Metallarbeiterverband (Hrsg.): Jahr- und Handbuch 1931, Berlin o. J.

beitsvertrages bis zur zwingenden Wirkung des Tarifvertrages auch gegenüber Außenseitern, die keiner Tarifpartei angehörten.«[11]

Im Verlauf des Ersten Weltkrieges, der zu Beginn von einem Teil der SPD und der Gewerkschaftsführung als ein Verteidigungskrieg begriffen wurde, stellten immer mehr abhängig Beschäftigte und Teile ihrer Organisationen fest, daß es sich um einen Krieg der politisch und ökonomisch herrschenden Klasse zur Eroberung von Rohstoffen und Absatzmärkten handelte[12].

Der wachsende Widerstand der organisierten Arbeiterbewegung gegen diesen Krieg mündete in Deutschland, aber auch in Rußland und Österreich in revolutionären Bewegungen, die sich gegen den Krieg und auf die Beseitigung des kapitalistischen Wirtschafts- und Gesellschaftssystems richteten.

Unter dem Eindruck der sozialistischen Zielsetzung der Revolution kamen die Industriellen auf ein Angebot der Gewerkschaften zur Gründung einer »Zentralen Arbeitsgemeinschaft« zurück. Dieses Angebot hatten die Gewerkschaften vor dem Beginn des Ersten Weltkrieges den Industriellen gemacht. Diese hatten das Angebot unbeantwortet gelassen[13]. Jetzt, wenige Tage nachdem die Revolution die Monarchie in Deutschland beseitigt hatte, gründeten die Spitzenorganisationen die »Zentrale Arbeitsgemeinschaft der industriellen und gewerblichen Arbeitgeber und Arbeitnehmer Deutschlands«.

Im Abkommen wurden die »Gewerkschaften als berufene Vertreter der Arbeiterschaft« anerkannt. Weiter heißt es:

»Die Arbeitsbedingungen für alle Arbeiter und Arbeiterinnen sind entsprechend den Verhältnissen des betroffenen Gewerbes durch Kollektivvereinbarungen mit den Berufsvereinigungen der Arbeitnehmer festzusetzen . . . Für jeden Betrieb mit einer Arbeiterschaft von mindestens fünfzig Beschäftigten ist ein Arbeiterausschuß einzusetzen, der diese zu vertreten und in Gemeinschaft mit den Betriebsunternehmen darüber zu wachen hat, daß die Verhältnisse des Betriebs nach Maßgabe der Kollektivvereinbarungen geregelt werden . . .«[14]

»Die Gewerkschaftsführer schienen Tragweite und Chancen der Novemberereignisse gar nicht begriffen zu haben. Was im kaiserlichen Obrigkeitsstaat ein Fortschritt gewesen wäre, nützte nun allein den Unternehmern, denn die Arbeitsgemeinschaft bedeutete den Verzicht auf grundlegende Eingriffe in das Wirtschaftssystem. Sie war der Puffer zwischen Unternehmern und Arbeitern. Später erlosch das Interesse in dem Maße, in dem die alten Gewalten ihre Schwäche überwanden. Schließlich geriet selbst das in Gefahr, was im Abkommen vom 15. November 1918 stand.«[15]

---

11 Däubler, Wolfgang: Das Arbeitsrecht Bd. I, Reinbek bei Hamburg, 1976, S. 40.
12 Vgl. Opel, Fritz: Der Deutsche Metallarbeiterverband während des ersten Weltkrieges und der Revolution. Frankfurt/Main 1980⁴.
13 Ebenda.
14 Protokoll der Verhandlungen des 10. Kongresses der Gewerkschaften Deutschlands. Abgehalten zu Nürnberg vom 30. Juni bis 5. Juli 1919, Berlin 1919, S. 178 ff.
15 Schneider/Kuda, a.a.O., S. 85 f.

Der Verlauf der Diskussion während der Revolution von 1918 innerhalb der Arbeiterbewegung ist von zwei Aspekten gekennzeichnet: Einerseits bestand Einigkeit darüber, daß es nun darum gehe, das Ziel der Sozialisierung zu verwirklichen. In der Frage, wie dieses Ziel realisiert werden soll und welche Voraussetzungen vorhanden sein müssen, um es zu realisieren, sind erhebliche Differenzen festzustellen.

So wurde die Sozialisierungsdebatte von zwei Grundströmungen beherrscht. Die revolutionäre Richtung ging in ihrer Einschätzung der aktuellen politischen, ökonomischen Situation wie auch der Kampfbereitschaft der abhängig Beschäftigten davon aus, daß die Sozialisierung der Produktionsmittel durchsetzbar und damit die Voraussetzungen für den Aufbau einer sozialistischen Gesellschaft faktisch gegeben waren. Die »revisionistische Richtung« glaubte statt dessen, auf eine sofortige Vergesellschaftung aller Industrien verzichten zu können und an ein friedliches Hineinwachsen in den Sozialismus.

Die Debatte über die Sozialisierung führte dazu, daß die Regierung eine Sozialisierungskommission einsetzt. Sie sollte überprüfen, welche der Industrien für die Sozialisierung reif seien. Die Entscheidung über Sozialisierung selbst blieb aufgeschoben.

Mit der Entscheidung für die Errichtung einer parlamentarischen Demokratie wird die Entscheidung über die Sozialisierung auf das Parlament übertragen. Das Sozialisierungsgesetz vom 23. März 1919 gibt dem Reich die entscheidenden Befugnisse, »im Wege der Gesetzgebung gegen angemessene Entschädigung

1. für eine Vergesellschaftung geeignete wirtschaftliche Unternehmungen, insbesondere solche zur Gewinnung von Bodenschätzen und zur Ausnutzung von Naturkräften, in Gemeinwirtschaft zu überführen,
2. im Falle dringender Bedürfnisse die Herstellung und Verteilung wirtschaftlicher Güter gemeinwirtschaftlich zu regeln ...«.

In Branchengesetzen, wie zum Beispiel im nachfolgenden »Gesetz über die Regelung der Kohlewirtschaft« vom 23. März 1919 wurden »Reichsräte« gebildet, die sich aus 50 Mitgliedern zusammensetzten:

15 Arbeitnehmervertreter,
15 Arbeitgebervertreter,
20 Vertreter der Reichsregierung.

Faktisch blieben diese Reichsräte aber bedeutungslos.

Mit einer Gesetzgebung, die den Sozialisierungsgedanken durch den des kooperativen Zusammenwirkens der gesellschaftlichen Institutionen ersetzte, wurde die Sozialisierungsdebatte in eine Richtung gelenkt, die zunächst von der Beibehaltung des kapitalistischen Wirtschaftssystems ausging.

Das Gegenteil wollte die Rätebewegung: sofortige Sozialisierung der Grundstoffindustrien, der Großbetriebe und Aufbau eines Rätesystems, das den von den abhängig Beschäftigten gewählten Delegierten Planung und Lenkung der Produk-

tion auf allen Ebenen überträgt. Diese Delegierten sollten direkt ihrem Wahlgremium verantwortlich sein. Direkt gewählte Betriebsräte sollten mit der Betriebsleitung alle Angelegenheiten des Unternehmens beaufsichtigen und regeln.
Die Mehrheits-Sozialdemokratie entwickelte wiederum Alternativen zu diesem revolutionären Modell. Es sah betriebliche Arbeiterräte und überbetriebliche Wirtschaftsräte als Interessenvertreter der Arbeiter vor.
Die Reaktion des Parlaments auf die Rätediskussion zeigte sich in der Weimarer Reichsverfassung und im Betriebsrätegesetz von 1920.
Die **REICHSVERFASSUNG** garantierte einerseits bürgerliche Rechte wie Privateigentum, Vertragsfreiheit, Erbrecht und wirtschaftliche Freiheit des einzelnen. Sie wurden andererseits durch soziale Rechte ergänzt: durch Kann-Vorschriften waren für Teilbereiche entweder eine gemeinwirtschaftliche Neuordnung oder planwirtschaftliche Neuorientierung möglich. Zwingend waren Betriebs-, Bezirks- und Reichsarbeitsrat als soziale und wirtschaftliche Interessenvertretungen versprochen worden.
Das **BETRIEBSRÄTEGESETZ** blieb hinter der verfassungsmäßig garantierten Gleichberechtigung von Kapital und Arbeit zurück. Den Rätegedanken verkehrte es in sein Gegenteil. **(M 13)** Der Betriebsrat hatte folgende Rechte:

»1. Mitentscheidungsrechte in sozialen Angelegenheiten. Der Betriebsrat hatte die Möglichkeit
    a) die Löhne und die sonstigen Arbeitsbedingungen mit dem Arbeitgeber zu vereinbaren, soweit keine tariflichen Regelungen bestanden (Akkord- und Stücklohnsätze, neue Entlohnungsmethoden, Arbeitszeiten, Urlaub, Behandlung und Ausbildung der Lehrlinge);
    b) die Arbeitsordnung und die sonstigen Dienstvorschriften im Rahmen der Tarifvertragsbestimmungen mit dem Arbeitgeber zu vereinbaren;
    c) zusammen mit dem Arbeitgeber Pensionskassen und Werkswohnungen zu verwalten;
 2. Einspruchs- und Beratungsrechte in personellen Angelegenheiten. Der Betriebsrat hatte die Möglichkeit über
    a) Richtlinien für die Einstellung von Arbeitnehmern mit dem Arbeitgeber auszuhandeln, soweit eine tarifliche Regelung nicht bestand;
    b) die Vermeidung sozialer Härten mit dem Arbeitgeber zu beraten, wenn durch Betriebsänderungen Entlassungen in größerem Umfang notwendig wurden;
    c) ungerechtfertigte Kündigungen einzelner Arbeitnehmer durch den Arbeitgeber Vermittlungsgespräche zu führen und gegebenenfalls das Arbeitsgericht anzurufen;
 3. Beratungs- und Informationsrechte in wirtschaftlichen Angelegenheiten. Der Betriebsrat konnte
    a) den Arbeitgeber über Möglichkeiten beraten, hohe und wirtschaftliche Betriebsleistungen zu erzielen;
    b) an der Einführung neuer Arbeitsmethoden fördernd mitarbeiten;
    c) sich vom Arbeitgeber vierteljährlich über die Lage des Betriebes im allgemeinen sowie über den zu erwartenden Arbeitsbedarf und die Betriebsleistungen im besonderen unterrichten lassen. Das Gesetz über die Betriebsbilanz vom 5. Februar 1921 erweiterte dann die Informationsrechte des Betriebsrates. Der Arbeitgeber hatte ihm

die Lohnlisten und alle anderen Unterlagen zu unterbreiten, die für den Abschluß von Tarifverträgen bedeutsam waren. Er mußte Auskunft über technische Vorgänge erteilen, soweit sie die Tätigkeit der Arbeitnehmer betrafen. Schließlich konnte der Betriebsrat in Betrieben mit mindestens 300 Arbeitnehmern oder 50 Angestellten die Bilanz und die Gewinn- oder Verlustrechnung einsehen;
4. Delegation von ein oder zwei Betriebsratmitgliedern in den Aufsichtsrat des Unternehmens, soweit ein solcher bestand.«[16]

Der Betriebsrat kam damit in eine Zwitterstellung, denn einerseits sollte er den Unternehmer in der Erfüllung der Betriebszwecke unterstützen, andererseits war er gewählter Interessenvertreter, zugleich aber in einen Arbeiterrat und einen Angestelltenrat geteilt. Gegen dieses Betriebsrätegesetz fanden bedeutende Protestkundgebungen statt, weil es den Hoffnungen und politischen Zielen der Arbeiterbewegung nicht entsprach. Bei der großen Kundgebung »gegen die Verwässerung des Rätegedankens« vor dem Reichstag erschoß am 13. Januar 1920 die Polizei 42 Demonstranten, 105 wurden verwundet.

Die juristische Praxis und die wirtschaftliche Situation in der Weimarer Republik schwächten die minimalen Rechte weiter ab. Das Zutrittsrecht der Gewerkschaften zum Betrieb blieb also weiter ungeregelt, wie auch die Frage der gesamtwirtschaftlichen Mitbestimmung. Allein in die Aufsichtsräte konnten Betriebsräte zwei Mitglieder entsenden. **(M 14)**

Ein reaktionäres Bündnis von Schwerindustriellen in Verbindung mit Teilen der Reichswehr und sogenannten Freikorps unternahm 1920 mit dem Kapp-Putsch den Versuch, die junge Republik zu beseitigen. Das geschlossene Vorgehen der Gewerkschaften rettete die Republik durch einen Generalstreik. In seiner Folge wurde ein 8-Punkte-Programm zwischen Regierungsvertretern und Gewerkschaftern ausgehandelt, das u. a. die »sofortige Inangriffnahme der Sozialisierung der dazu reifen Wirtschaftszweige« vorsah und eine Verwaltungsreform ». . . auf demokratischer Grundlage unter Mitbestimmung der wirtschaftlichen Organisationen der Arbeiter, Angestellten und Beamten« forderte.

Indem Ansätze des Sozialisierungsgedankens und der Rätedemokratie in die Verfassung aufgenommen worden waren, gegenläufige politische Aktionen (z. B. die Bremer und Münchener Räterepubliken) durch Militäreinsatz zerschlagen und deren Anhänger durch die nachfolgende Praxis diszipliniert worden waren, war für die Gewerkschaften die Suche nach einer Strategie zur Durchsetzung der Mitbestimmung nicht zu Ende.

1925 auf dem 12. Kongreß der Gewerkschaften Deutschlands wurden Vorstellungen zur »Wirtschaftsdemokratie« entwickelt[17].

In dieser Resolution des 12. Kongresses der Gewerkschaften Deutschlands wird

---

16 Schneider/Kuda, a.a.O., S. 144 f.
17 Zur Theorie und politischen Begründung der Wirtschaftsdemokratie. Vgl.: Naphtali, Fritz: Wirtschaftsdemokratie, Frankfurt/Main 1966.

zur Durchsetzung der Wirtschaftsdemokratie eine Umgestaltung des Reichswirtschaftsrates [18] zu einem Wirtschaftsparlament gefordert. Diese Reichswirtschaftsräte sollten durch die Bezirkswirtschaftsräte, wie sie der Artikel 165 der Reichsverfassung vorsah, ergänzt werden.

Dieser Gedanke der Parlamentarisierung von Wirtschaft wird nicht zuletzt begründet mit dem Grundgedanken der **WEIMARER VERFASSUNG,** eine »gerechte Wirtschaftsordnung« in Verbindung mit einer Mitwirkung der Arbeiter und Angestellten an der Wirtschaftsführung (Art. 165 der Weimarer Verfassung) zu schaffen. Der Kongreß betont, daß dies selbstverständlich eine grundsätzliche Neugestaltung der Wirtschaftsordnung voraussetzt, indem nämlich »... in der kapitalistischen Tauschwirtschaft in viele Einzelwirtschaften zersplitterte Wirtschaftskräfte einheitlich zusammengefaßt ...« werden, was »... eine Wirtschaftsführung in dem von den Gewerkschaften erstrebten Sinne überhaupt erst ermöglicht«[19].

Eine solche Vorstellung von Demokratisierung der Wirtschaft ging davon aus, daß der Staat diese politische Zielsetzung ebenfalls hat. Dabei wird als selbstverständlich vorausgesetzt, daß die ökonomisch Herrschenden sich einer solchen staatlich geregelten Demokratisierung der Wirtschaft beugen. Aber auch die Initiatoren erkannten Lücken, die schließlich in einem mehrjährigen Diskussionsprozeß geschlossen wurden. 1928 entwickelte Fritz Naphtali das »Gegenmachtmodell der Wirtschaftsdemokratie«. Danach ist ein demokratischer Aufbau der Wirtschaft innerhalb des kapitalistischen Systems unerreichbar; Wirtschaftsdemokratie und Sozialismus als Endziel sind miteinander verbunden; die Demokratisierung der Wirtschaft als Weg zum Sozialismus muß innerhalb des kapitalistischen Systems begonnen werden.

Das Instrumentarium einer antikapitalistischen Strategie stützt sich dabei auf drei Gesichtspunkte:

1. Wirtschaftsdemokratie setzt eine Demokratisierung der Wirtschaftsführung voraus, d. h. Unterordnung der monopolistischen Unternehmensorganisationen unter das Gemeinschaftsinteresse durch Schaffung wirtschaftlicher Selbstverwaltungskörper, durch die Ausdehnung der öffentlichen Betriebe, durch den Aufbau von Selbsthilfeorganisationen (Konsumgenossenschaften).
2. Wirtschaftsdemokratie schließt die Demokratisierung der Arbeitsverhältnisse ein: durch die kollektive Interessenvertretung der Arbeiter auf überbetrieblicher Ebene durch die Gewerkschaften, auf betrieblicher Ebene durch die Betriebsräte und durch die staatliche Sozialgesetzgebung.
3. Demokratisierung der Wirtschaft ist untrennbar verbunden mit der Demokrati-

---

18 Vgl. Resolution: Die Gewerkschaften und die Wirtschaft des 12. Kongresses der Gewerkschaften Deutschlands 1925 in: Schneider/Kuda: Mitbestimmung, a.a.O., S. 155 ff.
19 Vgl. ebenda.

sierung des Bildungswesens. Dazu gehören politische, organisatorische und finanzielle Voraussetzungen.
Die Beschlüsse blieben Papier, denn die Wirtschaftskrise mit ihrer Massenarbeitslosigkeit verhinderte grundsätzlich Systemkorrekturen zugunsten der Arbeiterschaft. Das Gegenteil trat ein: Um ihre wirtschaftliche Macht behaupten zu können, verhalfen vor allem große Teile des deutschen Unternehmertums dem Nationalsozialismus zur Macht. Nach dessen Machtübernahme wurden auch die geringen Erfolge und Fortschritte im Kampf um die Mitbestimmung restlos beseitigt, Gewerkschaften und die Arbeiterparteien verboten, deren Mitglieder verfolgt, verhaftet. Viele bezahlten ihren Kampf gegen den Faschismus mit dem Leben.
Das **GESETZ ZUR ORDNUNG DER NATIONALEN ARBEIT** vom 20. Januar 1934 setzt die betrieblichen Rechte des Betriebsrätegesetzes von 1920 außer Kraft.

»Im Betrieb arbeiten der Unternehmer als Führer des Betriebes, die Angestellten und Arbeiter als Gefolgschaft zur Förderung der Betriebszwecke und zum gemeinen Nutzen von Volk und Staat ... Der Führer des Betriebes entscheidet der Gefolgschaft gegenüber in allen betrieblichen Angelegenheiten.«[20]

Der politischen Diktatur entsprach damit wieder die Diktatur im Betrieb und umgekehrt.
Nach der Befreiung vom Faschismus bot sich der deutschen Arbeiterbewegung erneut die Chance zur gesellschaftlichen Umgestaltung. Anders aber als 1918 übten die Besatzungsmächte die uneingeschränkte Kontrolle aus und bremsten jeden schnellen demokratischen Aufbau von unten. Die anti-sozialistischen Interessen der westlichen Siegermächte verhinderten entsprechende gesetzliche Regelungen zur Neuordnung des Besitzes an Produktionsmitteln. Der Aufbau freier Gewerkschaften wurde durch einen 3-Stufen-Plan erschwert, der in seiner ersten Phase zwar die örtliche Bildung von Gewerkschaften erlaubte, die Kassierung von Beiträgen aber verbot. Erst nachdem sich örtliche Gewerkschaften gebildet hatten, durften dann auf zonaler Ebene Gewerkschaften gebildet werden.
Nach 1945 bildeten sich spontan auf betrieblicher Ebene sogenannte Betriebsausschüsse als Vertretung der Arbeitnehmer. Durch das **KONTROLLRATSGESETZ Nr. 22 (M 15)** wurde dieser Prozeß nachträglich bestätigt. Nun war erst einmal innerbetrieblich eine gegnerfreie Interessenvertretung nach dem Faschismus möglich. Damit waren zwar noch nicht die alten Gewerkschaftsorganisationen wieder erstanden, allerdings hatten sich die Keimzellen für neue Gewerkschaften gebildet. Diese neuen Betriebsausschüsse übernahmen in den Betrieben nicht nur

---

20 Vgl. §§ 1 und 2 des Gesetzes zur Ordnung der Nationalen Arbeit (AOG) vom 20. 1. 1934, RGBl I, S. 45.

die Schutzfunktion für die abhängig Beschäftigten, sondern befaßten sich auch mit Selbstverwaltungsaufgaben.

Diese Betriebsausschußmitglieder wie auch die aus dem antifaschistischen Widerstand bzw. der Emigration zurückkehrenden Funktionäre der Gewerkschaften der Weimarer Republik bildeten den Kern der wiedererstarkenden Gewerkschaftsbewegung in den vier Zonen. Das Zutrittsrecht der Gewerkschaft zum Betrieb war ebenso unumstritten wie das Recht der Gewerkschaften auf Vertretung der Arbeitnehmer. Das Kontrollratsgesetz Nr. 22 bildete für eine Übergangszeit die gesetzliche Grundlage der Betriebsratsarbeit im Betrieb. Die faktische Machtposition der abhängig Beschäftigten und ihrer Vertretungen wirkte sich dahingehend aus, daß eine Reihe von Mitbestimmungsrechten in personellen wie auch in wirtschaftlichen Maßnahmen faktisch durchgesetzt werden konnte.

In einzelnen Landesverfassungen wurde nach 1945 davon ausgegangen, daß das kapitalistische Wirtschafts- und Gesellschaftssystem versagt habe. In diesen Verfassungen wurde der Erkenntnis Rechnung getragen, daß große Teile insbesondere der Schwerindustrie und der chemischen Industrie die NSDAP finanzierten und politisch unterstützt hatten, indem sie ihre wirtschaftliche Macht in den politischen Dienst der faschistischen Partei stellten.

Die Forderungen nach politischer und wirtschaftlicher Demokratie fanden in alle Länderverfassungen Eingang **(M 16)**. Wie weit die Forderung nach Sozialisierung verbreitet war, zeigen Abstimmungen der Bergarbeiter 1947 ebenso wie eine Befragung der wahlberechtigten Bürger Hessens im Jahre 1946. Die Frage »Billigen Sie die Verfassung als Ganzes? Genehmigen Sie die Klausel über die Verstaatlichung der Bergwerke, der Kraftanlagen und der Eisen- und Stahlwerke?« beantworteten 1 081 124 (71,9 Prozent) wahlberechtigte Bürger mit »Ja«, während nur 422 159 diese Frage negativ beantworteten[21].

Die Betriebsrätegesetze von Hessen und Württemberg-Baden räumten den Betriebsräten die volle Mitbestimmung in sozialen, personellen und wirtschaftlichen Angelegenheiten ein[22]. Allerdings muß hier auch festgestellt werden, daß von seiten der drei westlichen Alliierten gegen diese erweiterten Mitbestimmungsmöglichkeiten Einspruch erhoben wurde. Die Paragraphen, die insbesondere die Mitbestimmungsmöglichkeiten des Betriebsrates in wirtschaftlichen Angelegenheiten betreffen, wurden gemäß eines Befehls der Militärregierung ausgesetzt. Fitting[23] schreibt dazu, daß das Kontrollratsgesetz Nr. 22 genau die möglichen

---

21 Vgl. Schneider/Kuda, a.a.O., S. 181. Vgl. Schaaf, Peter: Ruhrbergbau und Sozialdemokratie, Marburg 1978, S. 24.
22 Vgl. dazu §§ 2, 30, 37, 52, und 53 des Betriebsrätegesetzes für das Land Hessen vom 31. 5. 1948, wie auch die §§ 1, 20 und 21 des Gesetzes Nr. 726 über die Beteiligung der Arbeitnehmer an der Verwaltung und Gestaltung der Betriebe und Privatwirtschaft vom 18. 8. 1948 für das Land Württemberg-Baden. In: Der Wirtschaftskommentator: Betriebsräterecht, Hrsg.: Karl Fitting, Frankfurt 1949.
23 Ebenda.

Tätigkeiten des Betriebsrats festlegt. Um formaljuristisch zu begründen, daß der Einspruch der westlichen Alliierten gegen die wirtschaftliche Mitbestimmung der Betriebsräte rechtens sei, führt er aus:

»... Vereinbarungen, durch die einem Betriebsrat ein wirtschaftliches Mitbestimmungsrecht, d. h. eine direkte Einflußnahme auf wirtschaftliche Tätigkeiten des Betriebes eingeräumt wurde, verstoßen gegen das Gesetz und sind insbesondere nicht einklagbar.«[24]

Von seiten insbesondere der US-Militärregierung war vorgebracht worden, daß die Mitbestimmung des Betriebsrats einen Eingriff in die Eigentumsordnung darstelle.

Fitting verweist auch weiter darauf, daß deutsche Gesetze, die ein solches Mitbestimmungsrecht dem Betriebsrat einräumen würden, der Genehmigung durch die Militärregierung bedurft hätten.

»Diese Genehmigung ist in der amerikanischen Zone den entsprechenden Bestimmungen im Betriebsrätegesetz Hessen und Gesetz 726 versagt worden ... Es ist allerdings zu erwarten, daß das künftige Bundesparlament sich erneut mit dieser Frage befassen und versuchen wird, eine alle Teile befriedigende Lösung des Problems zu schaffen.«[25]

Die einzelnen Ländergesetze räumten dem Betriebsrat Mitbestimmungsmöglichkeiten in wirtschaftlichen, sozialen und personellen Maßnahmen ein. Diese Gesetze wurden aufgrund des Kontrollratsgesetzes Nr. 22 rückgängig gemacht bzw. suspendiert. Es bleibt festzuhalten: das Kontrollratsgesetz Nr. 22 verbot den Gewerkschaften nicht, Vereinbarungen über die wirtschaftliche Mitbestimmung zu treffen.

»Insofern also eine Gewerkschaft mit dem Arbeitgeber oder mit einem Arbeitgeberverband eine diesbezügliche Gesamtvereinbarung getroffen hat, ist diese wirksam. Die Gewerkschaft kann die Durchführung dieser Gesamtvereinbarung den gewerkschaftlichen Funktionären des Betriebes übertragen, auch wenn diese zugleich Mitglieder des Betriebsrates sind. Partei der Vereinbarung ist aber niemals der Betriebsrat, sondern die Gewerkschaft.«[26]

Es läßt sich also feststellen, daß für diesen Zeitraum nicht nur das Zutrittsrecht der Gewerkschaften zum Betrieb unbestritten war, sondern auch Gewerkschaften als Vertreter der organisierten Arbeiterschaft Mitbestimmungsmöglichkeiten schaffen konnten. Diese Mitbestimmungsregelungen auf betrieblicher Ebene fanden ihre Entsprechung auf der Unternehmensebene wie auch auf der überbetrieblichen Ebene.

Unter dem Eindruck, daß die Sozialisierungsforderungen der deutschen Arbeiterbewegung durchaus von breiten Bevölkerungsschichten getragen wurden, zum anderen aber auch als Sozialisierungsgebote in den Länderverfassungen, z. B. in Hessen wie auch in Nordrhein-Westfalen, Eingang gefunden haben, waren die

---

24 Vgl. Der Wirtschaftskommentator, B III/1, a.a.O., S. 28.
25 Vgl. Der Wirtschaftskommentator, B III/1, a.a.O., S. 28.
26 Vgl. ebenda.

Unternehmen durchaus bereit, der Mitbestimmung auf Unternehmensebene zuzustimmen. Gerade in der Montanindustrie boten die Unternehmen unter dem Eindruck des Entflechtungsprogramms durch die britische Besatzungsmacht (14. Dezember 1946) den Betriebsvertretungen und damit auch den Gewerkschaften die Mitbestimmung an.

»Hilfesuchend wandten sie (die Unternehmer) sich an die Gewerkschaften, bei denen allein sie politische Autorität fanden. Wie nach 1918 sollte mit ihrer Hilfe Schlimmeres verhindert werden.«[27]

So gingen Reusch und Hilbert von der Gutehoffnungshütte Oberhausen davon aus, daß Betriebsvertretung und Gewerkschaften, die die Betriebsverhältnisse am besten kannten, ein wirksames Gegengewicht gegen die Entflechtungsinteressen der Alliierten sein würden.

»Wir denken uns dies in der Weise, daß der Aufsichtsrat durch Zuwahl von Vertretern der Arbeitnehmer bzw. der Gewerkschaft erweitert wird, und daß von diesem Kreise die Vorschläge für eine zweckentsprechende Lösung ausgehen. Die Interessen aller Beteiligten könnten auf diesem Wege am besten gewahrt werden.«[28]

Auch der Aufsichtsrat der Klöckner-Werke unterstützte diese Tendenz. Hier sollte der Aufsichtsrat nach dem Grundsatz der Gleichstellung von Kapital und Arbeit umgebildet werden.

»Die Vertreter der Arbeitnehmer sollten hierbei zusammen mit der Öffentlichen Hand die Mehrheit der Sitze erhalten.«[29] **(M 17)**

Allerdings änderte sich mit der Haltung der Alliierten zur Sozialisierungsfrage auch die Haltung der Montanindustriellen. Als am 10. November 1948 mit dem Gesetz Nr. 75 die amerikanische und britische Besatzungszone Deutschland in den Marshallplan einbezogen wurden, wurden für die Montanindustriellen diese Anbiederungsversuche überflüssig.

»Mit der zunehmenden Restauration ihrer Macht kehrten sie wieder den alten Unternehmerstandpunkt heraus.«[30]

Mitbestimmung wurde aber in den Jahren vor der Gründung der Bundesrepublik Deutschland auch unter dem Aspekt der Mitbestimmung in den sozialisierten (nicht verstaatlichten!) Betrieben diskutiert. Sehr weit fortgeschritten waren die Überlegungen, wie die Wirtschaft zu organisieren sei, in Hessen gediehen. Hier wurde der Artikel 41 der Landesverfassung, der die Überführung in Gemeineigentum von Bergbau-, Eisen- und Stahlbetrieben, Betrieben der Energiewirtschaft und des

---

27 Vgl. Schneider/Kuda, a.a.O., S. 181.
28 Aus dem Brief von Reusch an die Einheitsgewerkschaft Köln am 18. 1. 1947. Nachgedruckt in: Qualifizierte Mitbestimmung in Theorie und Praxis, Bd. 2, Köln 1979, S. 79 ff.
29 Vgl. Brief der Klöckner-Werke vom 18. 1. 1947 an die Einheitsgewerkschaft Köln. Nachgedruckt: ebenda.
30 Schneider/Kuda, a.a.O., S. 186.

Verkehrswesens forderte, bereits dahingehend diskutiert, in welcher Form denn nun diese in Gemeineigentum überführten Betriebe zu führen seien. Die Geschäftsführung dieser Betriebe sollte nach dem Modell von Dr. Koch, dem damaligen Wirtschaftsminister des Landes Hessen, einer Geschäftsführung übertragen werden, die aus einem kaufmännischen, einem technischen und einem Sozialdirektor bestand, wobei letzterer nicht gegen die Stimmen der Gewerkschaft gewählt werden konnte. Als Aufsichtsorgan war ein sogenannter Verwaltungsrat vorgesehen. In diesem Verwaltungsrat sollten zu je einem Drittel Vertreter der Gewerkschaften (davon zwei aus den Betrieben), einem Drittel von Delegierten aus den Gemeinden und einem Drittel Vertreter der sogenannten Landesgemeinschaft Sitz und Stimme haben. Dieser Mitbestimmungsregelung auf betrieblicher Ebene entsprachen als überbetriebliche Lenkungsorgane sogenannte Landesgemeinschaften bzw. Vertretungsorgane von Gemeinden, Kreisen und ehemaligen Eigentümern. Zentrale Steuerung der wirtschaftlichen Abläufe sollten durch diese sogenannte Landesgemeinschaft für Sozialgemeinschaften Hessens erfolgen. In dieser Landesgemeinschaft wären vertreten: Vertreter des Landtages Hessen, Vertreter des hessischen Gemeindetages, des hessischen Städteverbandes und der Arbeitsgemeinschaft der hessischen Landkreise und zu einem weiteren Drittel Vertreter des freien Gewerkschaftsbundes Hessen.

Die Struktur, die diesem Gedanken zu Grunde lag, ist einsichtig. Die Interessenvertretung der Arbeitnehmer in diesen, in Gemeineigentum überführten Betrieben, läge auf der betrieblichen Ebene zum einen in der Hand der Betriebsräte, zum anderen im Aufgabenbereich des sogenannten Verwaltungsrates, der die Geschäftsführung kontrolliert. Diese Mitbestimmungsebene findet ihre Ergänzung auf der überbetrieblichen Ebene in sogenannten Landesgemeinschaften und auf der Landesebene in der Landesgemeinschaft Hessens. Das Schaubild »Sozialisierung in Hessen« (s. S. 32 f.) stellt die Struktur und den Aufbau der sozialisierten Wirtschaft Hessens dar.

Das hier skizzierte Mitbestimmungsmodell, das Mitbestimmung auf betrieblicher und auf überbetrieblicher Ebene, flankiert durch Wirtschaftsplanung und -lenkung auf den gleichen Ebenen beinhaltet, findet seine Begründung in den Forderungen der Gewerkschaft nach der Kontrolle wirtschaftlicher Macht. Diese Kontrolle wirtschaftlicher Macht ist eine Voraussetzung für eine planmäßige Entwicklung der Gesamtwirtschaft im Interesse der abhängig Beschäftigten des Landes. Dieses Modell berücksichtigt auch, daß Interessenvertretung nicht das »Geschäft« von einzelnen Individuen sein kann, sondern Gewerkschaften als Vertreter der kollektiven Interessen der abhängig Beschäftigten anerkennt.

Sozialisierung in Hessen auf Grund des Artikel 41 der Hessischen Verfassung Anlage zum Gesetz über die Sozialgemeinschaften

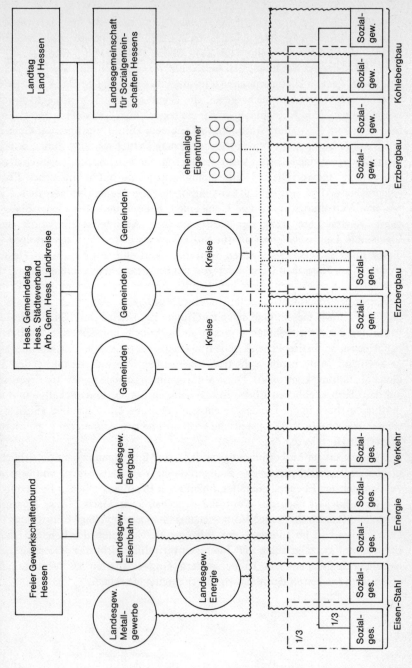

Verwaltungsrat

1/3 Mitgl. Landtag Land Hessen, davon 2 aus Wirtschaftsvereinen

1/3 Mitgl. Hess. Gemeindetag, Hess. Städteverband, Arb. Gem. Hess. Landkreise

1/3 Mitgl. Freier Gew. Bund Hess, dazu je 1 Mitgl. Wirtsch. Min., Finanz-Min., Arb.-Min.

aus diesen 4 Beiräte Eisen-Stahl, Energie, Verkehr, Bergbau

Geschäftsführung

1 kaufm. Direktor
1 techn. Direktor
1 Sozial-Direktor
aus diesem
Der Präsident der
Landesgemeinschaft

Sozialgesellschaften für Eisen-Stahl, Energie, Verkehr und Artikel 39

je 1 Verwaltungsrat:
1/3 Gewerkschaften davon 2 aus den Betrieben

1/3 Gemeinden davon 1 Genossenschaft und 1 Handwerk

1/3 Landesgemeinschaft davon 1 Wirtschaftsvereinigung

je 1 Geschäftsführung
1 kaufm. Direktor
1 techn. Direktor
1 Sozial-Direktor

Sozialgenossenschaften für kleinere Bergbau- und sonstige Unternehmen

je 1 Genossenversammlung
1/3 Gewerkschaften
1/3 ehem. Eigentümer
1/6 Gemeinden
1/6 Landesgemeinschaft

je 1 Verwaltungsrat und Geschäftsführung

Sozialgewerkschaften für Bergbaubetriebe

je 1 Verwaltungsrat
1/3 Gewerkschaften
1/3 Gemeinden
1/3 Landesgemeinschaft
je 1 Geschäftsführung

Vorschlag: Dr. Harald Koch

Aus: Der Betrieb, Wochenbeilage zum Handelsblatt, 1. Jg. 1948, Nr. 17, S. 126.

2.4 Die Auseinandersetzungen um die Montanmitbestimmung 1951 und um ein Betriebsverfassungsgesetz

Mit der Gründung der Bundesrepublik Deutschland waren die alten wirtschaftlichen Macht- und Besitzverhältnisse weitestgehend unangetastet geblieben. Der Kampf um den Erhalt der Montanmitbestimmung zeigt, daß auch das, was in den Betrieben der Eisen- und Stahlindustrie erkämpft worden war, zurückgenommen werden sollte. Gegen diese Absicht der Regierung wendeten sich die Gewerkschaften.
Am 29. und 30. November 1950 geben 95,9 Prozent der stimmberechtigten Mitglieder der IG Metall in der Eisen- und Stahlindustrie durch ihre Stimmabgabe dem Vorstand der IG Metall die Vollmacht, für die Beibehaltung der paritätischen Mitbestimmung den Streik auszurufen. Ein ähnliches Urabstimmungsergebnis ist aus dem Organisationsbereich der IG Bergbau festzustellen. Von 501 525 gewerkschaftlich organisierten abhängig Beschäftigten sprechen sich 92,8 Prozent für die Beibehaltung der paritätischen Mitbestimmung aus. Am 10. April 1951 wird dann gegen die Stimmen der Freien Demokratischen Partei, der Deutschen Partei und der Bayernpartei das Montanmitbestimmungsgesetz beschlossen. **(M 19/20)**
Die nun beginnenden Auseinandersetzungen um ein neues Betriebsverfassungsgesetz kommen zu einem anderen Ergebnis. Das Verhältnis der Arbeitnehmervertreter im Aufsichtsrat zu den Vertretern der Kapitalseite wird mit 1:2 festgelegt. Auch das bereits faktisch durchgesetzte Recht der Gewerkschaft, den Betrieb zu betreten, findet in dem neuen Betriebsverfassungsgesetz keine Berücksichtigung. Auch der Gedanke, der in den einzelnen Betriebsrätegesetzen der Länderverfassungen Platz gegriffen hatte, nämlich die Mitbestimmung der Betriebsräte nicht nur auf Mitwirkung zu reduzieren, sondern als echte Mitbestimmung in allen Fragen der wirtschaftlichen, sozialen und personellen Angelegenheiten festzulegen, wurde auf Mitbestimmung lediglich in sozialen Angelegenheiten reduziert. Zwar blieb die Mitbestimmung in personellen Angelegenheiten teilweise erhalten, aber gerade in der wichtigen Frage der wirtschaftlichen Angelegenheiten wurden wesentliche gewerkschaftliche Forderungen nicht berücksichtigt. Zur Frage der wirtschaftlichen Angelegenheiten gehören z. B. Werksschließungen, Umorganisation der Produktion, neue Betriebszwecke, Werkserweiterungen usw. So blieb die Entscheidung der Frage, wer in den Betrieben was unter welchen Bedingungen produziert bzw. ob überhaupt gesellschaftlich notwendige Güter produziert werden, weiterhin einzig und allein dem Unternehmer überlassen.
Der DGB protestierte energisch gegen diese Regierungspläne. Die Regierung verlangte vor Aufnahme von Gesprächen vom DGB die Einstellung der Vorbereitung von Kampfmaßnahmen. Dabei verwies Konrad Adenauer in einem Brief an den DGB-Vorsitzenden Fette darauf, daß er Kampfmaßnahmen, die sich auf eine

Beeinflussung des Gesetzgebers richten, für rechtswidrig hält. Weiter stellte der Kanzler in dem Schreiben eine Verbindung her zwischen den Streikaufrufen des FDGB in der DDR, die sich gegen eine Wiederbewaffnung in der Bundesrepublik richten, und gewerkschaftlichen Kampfmaßnahmen, die sich auf ein besseres Betriebsverfassungsgesetz richten[31]. Unter der Prämisse, daß die Gewerkschaften auf Kampfmaßnahmen verzichten, erklärte sich Adenauer bereit, mit den Gewerkschaften zu verhandeln. Für die Mitglieder überraschend beschloß der DGB-Bundesvorstand, alle Aktionen abzubrechen. Die Gespräche zwischen DGB und der Regierung blieben ergebnislos. Eine breite Mobilisierung der Mitglieder konnte jetzt nicht mehr rechtzeitig vor der Entscheidung im Bundestag erreicht werden. Dem DGB verblieb nur, bei den Bundestagswahlen 1953 aufzurufen, nun einen besseren Bundestag zu wählen. Konnte die Montanmitbestimmung durch die konsequente Mobilisierung der Gewerkschafter gerettet werden, so zeigt die Auseinandersetzung um das Betriebsverfassungsgesetz 1952, daß es den restaurativen Kräften in der Bundesrepublik gelang, die Übertragung der qualifizierten Mitbestimmung auf alle Wirtschaftsbereiche zu verhindern.

2.5 Auf dem Wege zu einem neuen Betriebsverfassungsgesetz

Neben den bereits beschriebenen Mängeln bei der Vertretung der Gewerkschaften in den Betrieben und ihren Möglichkeiten, die Interessen der abhängig Beschäftigten im Rahmen der Betriebsverfassung zu vertreten, sind auch den betrieblichen Interessenvertretungen, den Betriebsräten, eine Reihe von Fesseln angelegt. Generell zur Einhaltung des Betriebsfriedens und zur Zusammenarbeit mit dem Unternehmer verpflichtet[32] und eingebunden in ein nicht näher definiertes Gemeinwohl sollen sich die Betriebsräte in diesem Rahmen für die von ihnen vertretenen Belegschaften einsetzen. **(M 25)**
Um einige Grenzen der Mitbestimmungs- bzw. Mitwirkungsmöglichkeiten der Betriebsräte nach dem Betriebsverfassungsgesetz 1952 aufzuzeigen, hier zwei Beispiele:
a) So gewährte der § 56 des BetrVG 1952 dem Betriebsrat ein Mitbestimmungsrecht bei der Aufstellung von Entlohnungsgrundsätzen, Einführung von neuen Entlohnungsmethoden sowie bei der Regelung von Akkord- und Stücklohn. In der Frage der Geldfaktoren hatte der Betriebsrat keine Mitbestimmung nach

---

31 Dieser Briefwechsel ist nachgedruckt in: Redaktion Frankfurter Hefte (Hrsg.), Die Mitbestimmung als demokratisches Prinzip, Frankfurt/Main 1980.
32 »§ 49 BetrVG 1972 – Zusammenarbeit
   (1) Arbeitgeber und Betriebsrat arbeiten im Rahmen der geltenden Tarifverträge vertrauensvoll und im Zusammenwirken mit den im Betrieb vertretenen Gewerkschaften und Arbeitgebervereinigungen zum Wohl des Betriebs und seiner Arbeitnehmer unter Berücksichtigung des Gemeinwohls zusammen.«

dem Betriebsverfassungsgesetz. Gerade aber die Geldfaktoren in Verbindung mit den übrigen hier angesprochenen Regelungen bestimmen, was der Kollege tatsächlich verdienen konnte. Die Mitbestimmung des Betriebsrates war hier also wesentlich begrenzt.

b) Der § 72 des BetrVG von 1952 räumte dem Betriebsrat Mitbestimmung bei Betriebsänderungen ein. Diese von der Überschrift erstmals positiv klingende Regelung fand nach den Absätzen 1, Ziffern d und e wesentliche Einschränkungen. Die Mitbestimmung des Betriebsrates wurde ausgeschlossen, wenn die Unternehmensleitungen grundlegende Änderungen des Betriebszwecks und der Betriebsanlagen vornahmen, die auf einer Veränderung der Marktlage beruhen. Die Mitbestimmung des Betriebsrates bei der Einführung grundlegend neuer Arbeitsmethoden wurde dann ausgeschlossen, wenn diese Arbeitsmethoden offensichtlich dem technischen Fortschritt entsprechen oder ihm dienen.

Kurz: Mitbestimmungsmöglichkeiten wurden auf der einen Seite gewährt, aber durch allgemeine Umschreibungen, wie »Marktlage« und »technischer Fortschritt«, praktisch wieder zurückgenommen.

Hiermit sind nur zwei Probleme der Mitbestimmungsmöglichkeiten des Betriebsrates nach dem Betriebsverfassungsgesetz von 1952 genannt worden, die den Schutz der abhängig Beschäftigten durch ihre Interessenvertretung massiv behinderten.

Bei den Auseinandersetzungen um ein neues Betriebsverfassungsgesetz, das dann 1972 verabschiedet wurde, wurden einerseits einige Fortschritte im Bereich der Mitbestimmungsmöglichkeiten des Betriebsrates erreicht, andererseits bleiben aber grundlegende Strukturen, wie sie das BetrVG 1952 enthielt, erhalten.

Aufgrund der tagtäglich geübten Praxis in den Betrieben war trotz des Betriebsverfassungsgesetzes von 1952 von den Gewerkschaften z. B. das faktische Zutrittsrecht zu den Betrieben durchgesetzt worden.

Der § 87 Abs. 1, Ziff. 11 schließt im neuen Betriebsverfassungsgesetz von 1972 die Geldfaktoren in das Mitbestimmungsrecht des Betriebsrats ein.

Diese Erweiterungen der Mitbestimmungsrechte des Betriebsrats stellen Ergebnisse betrieblicher und außerbetrieblicher Auseinandersetzungen dar, die bereits vor der Novellierung des Betriebsverfassungsgesetzes 1972 stattfanden. Diesen faktisch bereits durchgesetzten Erweiterungen der Mitbestimmungsrechte trug der Gesetzgeber Rechnung, indem er sie in das Gesetz aufnahm.

In der Frage der Betriebsänderungen (Änderung des Betriebszwecks, Einführung neuer Arbeitsmethoden usw.) wurde dem Betriebsrat auch im neuen Betriebsverfassungsgesetz keine Mitbestimmungsmöglichkeit eingeräumt. Allerdings erhält der Betriebsrat im § 111 BetrVG 1972 ein Mitwirkungsrecht zugesprochen. Unternehmungen sind nun bei entsprechenden Betriebsänderungen verpflichtet, den Betriebsrat zu unterrichten und mit ihm die geplanten Betriebsänderungen zu beraten. Über den § 112 besteht für die Betriebsräte die Möglichkeit, in Fällen von

Betriebsänderungen hierüber mit dem Unternehmer einen Interessenausgleich herbeizuführen und mit ihm eine Vereinbarung über den Ausgleich oder die Milderung der wirtschaftlichen Nachteile, die den abhängig Beschäftigten infolge der geplanten Maßnahme entstehen, zu treffen. **(M 26)**

Auch diese Möglichkeit, über einen Sozialplan Folgen von Unternehmensentscheidungen für die abhängig Beschäftigten auszugleichen oder zu mildern, findet man vor 1972 insbesondere in jenen Betrieben, die der Montanmitbestimmung unterliegen[33].

Sicherlich ist hiermit den Betriebsräten keine Mitbestimmungsmöglichkeit eröffnet worden. Allerdings besteht nun die Möglichkeit, Folgen unternehmerischer Entscheidungen für die betroffenen abhängig Beschäftigten zu mildern.

Erhalten geblieben ist im Betriebsverfassungsgesetz von 1972 sehr wohl aber die Verpflichtung des Betriebsrates zur Einhaltung des Betriebsfriedens und die Verpflichtung zur Zusammenarbeit mit dem Unternehmer. Allerdings – und das hatte die Rechtsprechung schon für das alte Betriebsverfassungsgesetz entschieden – hat der Betriebsrat im Rahmen der Zusammenarbeit ausschließlich die Interessen der von ihm repräsentierten Belegschaft wahrzunehmen, genauso wie der Unternehmer seine Interessen in diese Zusammenarbeit einzubringen hat[34].

Die Beteiligung der Arbeitnehmervertreter im Aufsichtsrat bleibt wie im Betriebsverfassungsgesetz 1952 erhalten. **(M 25)**

2.6 Die Auseinandersetzungen um das Mitbestimmungsgesetz 1976

In den Regierungserklärungen vom 28. Oktober 1969 wie auch vom 18. Januar 1973 kündigte der damalige Bundeskanzler Willy Brandt den Ausbau der Mitbestimmung der abhängig Beschäftigten auf der Grundlage von Gleichberechtigung und Gleichgewichtigkeit von Arbeitnehmern und Anteilseignern an. **(M 20)**

Allerdings zeigt das am 18. März 1976 verabschiedete Mitbestimmungsgesetz 1976, daß es qualitativ hinter dem Montanmitbestimmungsgesetz 1951 zurückbleibt.

Zwar ist festzustellen, daß die Anzahl der Arbeitnehmervertreter im Aufsichtsrat formal gleich ist mit der der Kapitalseigner; aber als Arbeitnehmervertreter im Aufsichtsrat ist nach diesem Gesetz auch ein Leitender Angestellter zu wählen.

---

33 Zur Problematik von Interessenausgleich und Sozialplan vgl.: Däubler, W.: Das Arbeitsrecht Bd. I. Reinbek 1976, S. 265 ff.

34 Friedrich Wilhelm Kraft: Grundbegriffe und Grundlagen des Betriebsverfassungsrechts, Arbeitsheft Nr. 900 der Industriegewerkschaft Metall, Frankfurt/Main o. J.

Als Leitende Angestellte definiert der § 5 Abs. 3 des Betriebsverfassungsgesetzes Angestellte, die nach Dienststellung und Dienstvertrag zur selbständigen Einstellung und Entlassung von im Betrieb oder in der Betriebsabteilung beschäftigten Arbeitnehmern berechtigt sind oder Generalvollmacht oder Prokura haben oder im wesentlichen eigenverantwortliche Aufgaben wahrnehmen, die ihnen regelmäßig wegen deren Bedeutung für den Bestand und die Entwicklung des Betriebes im Hinblick auf besondere Erfahrungen und Kenntnisse übertragen werden.

Vom Standpunkt der Gewerkschaften ist diese Sondervertretung einer naturgemäß kleinen Gruppe von Angestellten eines Unternehmens zu verurteilen. So bekräftigte der DGB-Bundesausschuß am 6. Juni 1973:

»Der DGB lehnt bei einer Regelung der Mitbestimmung jegliche Sonderstellung Leitender Angestellter im Aufsichtsrat ab. Kompromißmöglichkeiten kommen dabei nicht in Betracht.« Auch in seiner Stellungnahme zur Koalitionsvereinbarung von 1975 kritisiert der DGB-Bundesvorstand insbesondere diese Sondervertretung der Leitenden Angestellten.

Von einer echten paritätischen Mitbestimmung, wie sie das Montanmitbestimmungsmodell von 1951 darstellt, kann also beim Mitbestimmungsgesetz 1976 nicht gesprochen werden.

Ferner behält das Mitbestimmungsgesetz 1976 die Letztentscheidung eindeutig den Kapitalseignern vor. Kommt es zum Beispiel innerhalb eines Aufsichtsrats zu einer Pattsituation bei einer ersten Abstimmung, so macht der Aufsichtsratsvorsitzende, den immer die Anteilseignerseite stellt, von der Möglichkeit seiner Zweitstimme Gebrauch. Bei einem sogenannten Stichentscheid hat also der Aufsichtsratsvorsitzende zwei Stimmen.

Kann beim Montanmitbestimmungsmodell von 1951 der Arbeitsdirektor, der vom besonderen Vertrauen der Arbeitnehmer des Betriebes getragen werden soll, nicht gegen die Mehrheit der Arbeitnehmervertreter gewählt werden, so wird die Bestellung des Arbeitsdirektors nach dem Mitbestimmungsgesetz 1976 mit Stimmenmehrheit (siehe Stichentscheid des Vorsitzenden im Zweifelsfall) bestellt. Die Praxis des Mitbestimmungsgesetzes 1976 verdeutlicht, daß im Gegensatz zur Montanmitbestimmung verschwindend wenige »Arbeitsdirektoren« von sich behaupten können, vom Vertrauen der Arbeitnehmerbank getragen zu sein. Vielmehr haben eine Reihe von Konflikten gerade um die Bestellung des Arbeitsdirektors gezeigt, daß es die Kapitalseigner im Aufsichtsrat nicht zuließen, daß ein Vorstandsmitglied z. B. auf Vorschlag der Arbeitnehmervertreter zum Arbeitsdirektor gewählt wurde.

Waren die Mängel dieses »Mitbestimmungsgesetzes 1976« von seiten der Gewerkschaften vor und nach der Abstimmung im Bundestag immer wieder scharf kritisiert worden, so zeigte die Praxis bei der Durchführung dieses Gesetzes zwei Linien unternehmerischer Strategie:

1. Die Vertreter der Kapitalseigner versuchten in den Aufsichtsräten Geschäfts-

ordnungen durchzusetzen – und dies häufig mit Erfolg –, die die Kontrollfunktion des Aufsichtsrats über die Geschäfte des Vorstandes weitestgehend behinderten. So wurden die Kompetenzbereiche der Vorstände extrem erweitert. War es nach dem Betriebsverfassungsgesetz 1952 Praxis gewesen, Geschäfte ab einem ganz bestimmten Volumen von der Zustimmung des Aufsichtsrates abhängig zu machen, so wurde dieser Grenzwert mehr als deutlich angehoben. Vorstände konnten nun ohne den Aufsichtsrat zu befragen, Geschäfte in Größenordnungen tätigen, die ihnen bisher immer wieder mit dem Hinweis auf die besondere Verpflichtung des Aufsichtsrats verwehrt worden waren.

2. Weil Unternehmungen erst ab einer Beschäftigtenzahl von mehr als 2000 diesem Mitbestimmungsgesetz unterliegen, versuchten eine Reihe von Unternehmungen durch die Konstruktion formal selbständiger Regionalunternehmungen (wie z. B. die Restaurant-Kette Wienerwald), die jeweils weniger als 2000 Beschäftigte hatten, der Mitbestimmung zu entgehen.

Neben diesen Beispielen von Unternehmensstrategien, mit denen das Mitbestimmungsgesetz 1976 unter Ausnutzung seiner Lücken unterlaufen wurde, wurde ein Zentralangriff auf jegliche Erweiterung der Mitbestimmung und Demokratisierung der Wirtschaft mit der Einreichung der Verfassungsbeschwerde gegen das Mitbestimmungsgesetz 1976 unternommen. Einige Einzelfirmen wie auch Kleinaktionärs- und Unternehmensverbände reichten beim Bundesverfassungsgericht in Karlsruhe Klage mit der Begründung ein, das Mitbestimmungsgesetz 1976 verletze die grundgesetzliche Eigentumsgarantie (Art. 14 GG).

Das Bundesverfassungsgericht in Karlsruhe wies diese Klage ab. Es stellte fest, daß dieses Gesetz nicht gegen die Garantie des Eigentums verstoße. **(M 5)**

In der Urteilsbegründung wird ausgeführt, daß der Gesetzgeber befugt sei, der Garantie des Eigentums Schranken zu setzen, je mehr das Eigentum in einem sozialen Bezug und einer sozialen Funktion stehe.

Diesem positiven Moment der Rechtsprechung steht aber eine Reihe von negativen Entscheidungsmomenten gegenüber. So hält das Bundesverfassungsgericht das Mitbestimmungsgesetz 1976 nicht zuletzt deshalb für verfassungskonform, weil es sich in den Grenzen zulässiger Inhalts- und Schrankenbestimmungen hält und nicht dazu führt, daß die Mitbestimmung der Arbeitnehmer über das im Unternehmen investierte Kapital gegen den Willen aller Anteilseigner entscheiden kann und daß den Anteilseignern das Letztentscheidungsrecht belassen wird.

Das Gericht erkennt an, daß es sich bei der Regelung des Mitbestimmungsgesetzes 1976 nicht um eine paritätische Besetzung des Aufsichtsrats handelt (das Letztentscheidungsrecht bleibt bei den Anteilseignern). Diese Passage kann allerdings interpretiert werden, als ginge das Gericht davon aus, daß ein Mitbestimmungsmodell dann nicht mehr verfassungskonform ist, wenn es den Unternehmern nicht das Letztentscheidungsrecht beläßt. Genau jene Argumentation könnte also z. B. gegen das Montanmitbestimmungsgesetz gewendet werden, unabhängig davon, daß das Bundesverfassungsgericht in seinem Urteil betont hat, daß es über die Gesetzmäßigkeit der Montanmitbestimmung nicht zu entscheiden hatte.

2.7 Der Angriff auf die Montanmitbestimmung

Es fällt schwer, den unterschiedlichen Unternehmerstrategien, wie sie im Zusammenhang mit dem Mitbestimmungsgesetz 1976 gehandhabt wurden, einschließlich der Verfassungsklage und dem neuerlichen Versuch des Mannesmann Konzerns, die Montanmitbestimmung in der Konzernspitze zu verhindern, keinen Zusammenhang zu sehen. Gerade dieser Konzern hat immer wieder seit 1953 versucht, aus dem Geltungsbereich der Montanmitbestimmung zu flüchten. **(M 2)** Sich zuspitzende wirtschaftliche Krisensituationen mit Massenarbeitslosigkeit, Massenentlassungen und Kurzarbeit und das Interesse der Anteilseigner an Dividenden vertragen sich für Unternehmer und ihre Verbände schlecht mit dem Gedanken der Mitbestimmung.
Wie schon im Beispiel a) dargestellt, versucht der Vorstand der Mannesmann AG durch Umstrukturierung des Konzerns die paritätische Mitbestimmung in der Konzernspitze auszuschalten. Würde diese Strategie des Mannesmann Konzerns zum gewünschten Ergebnis führen, wäre damit ein Signal für die anderen noch montan-mitbestimmten Unternehmen gesetzt. Es wäre nur noch eine Frage der Zeit, bis der zur Zeit am weitestreichende Ansatz der Mitbestimmung der abhängig Beschäftigten bei Unternehmensentscheidungen der Vergangenheit angehören würde.
Auch der im Februar 1981 vorgelegte Entwurf eines Gesetzes zur Sicherung der Montanmitbestimmung würde dies nicht verhindern. Dieser Gesetzesentwurf sieht vor, daß in Unternehmungen, deren Umsatz aus Montan-Produkten unter 50 Prozent des Gesamtumsatzes sinkt und die mehr als 1000 Beschäftigte haben, die Montanmitbestimmung nur für sechs Jahre erhalten bliebe. Ferner würden die Gewerkschaften nicht mehr wie im Montanmitbestimmungsgesetz von 1951 ihre Vertreter direkt in den Aufsichtsrat entsenden können, vielmehr müssen die Kandidaten der Gewerkschaften mit der Stimmenmehrheit der Betriebsratsmitglieder gewählt werden. Es handelt sich hierbei um eine völlige Verkehrung der Arbeits- und Sozialverfassung, nach der die Gewerkschaften der vorrangige Träger der Koalitionsfreiheit sind. Zwar sind die gewerkschaftlich organisierten Betriebsräte das berufene Gremium zur Wahl der Arbeitnehmer in den Aufsichtsräten. Dies gilt jedoch nur für die innerbetrieblichen Kandidaten. Das kann nicht für die Vertreter der Gewerkschaft gelten, die als demokratisch aufgebaute und legitimierte Organisation die Interessen der Arbeitnehmer vertritt. Auch an dieser Stelle wird deutlich, wie versucht wird, den Einfluß der Gewerkschaften zurückzudrängen. **(M 10)**

2.8 Perspektiven der Mitbestimmung

Die deutschen Gewerkschaften gingen nach dem Ende des zweiten Weltkrieges davon aus, »... daß am Beginn des Wiederaufbaus eine grundlegende Neuordnung von Wirtschaft und Gesellschaft stehen müsse. Die gewerkschaftlichen Forderungen sind enthalten im Münchner Programm des DGB von 1949. Im Mittelpunkt der Forderungen standen:
- eine gesamtwirtschaftliche Planung,
- die Mitbestimmung der Arbeitnehmer in allen sozialen, personellen und wirtschaftlichen Fragen der Wirtschaftsgestaltung,
- die Überführung der Schlüsselindustrien in Gemeineigentum und
- eine gerechtere Verteilung des volkswirtschaftlichen Ertrages.«[35]

Mit diesen Forderungen standen die Gewerkschaften 1949 nicht allein. Ähnliche Ansätze finden sich in Parteiprogrammen sowohl von SPD als auch CDU.
(M 17)
Wie breit dieser politische Wille gestreut war, läßt sich auch an den entsprechenden Sozialisierungsverpflichtungen in den Landesverfassungen absehen.

Das Münchener Programm des Deutschen Gewerkschaftsbundes von 1949 legt diese Erwartung der Neuordnung von Wirtschaft und Gesellschaft programmatisch fest. Allerdings mußten die Gewerkschaften wie beschrieben bereits 1951 um den Erhalt der Montanmitbestimmung kämpfen, wie sie seit 1947 in den Unternehmen der Eisen- und Stahlindustrie durchgesetzt war.

Unter dem Druck der antisozialistischen Politik der drei westlichen Alliierten und unter dem Einfluß des offenen Antikommunismus, der jeden Versuch, die kapitalistische Wirtschaftsordnung zu demokratisieren, als verfassungsfeindlichen Umtrieb definierte, konnten die Unternehmungen, gestützt von den CDU/CSU-geführten Regierungen in den fünfziger Jahren die alten Macht- und Besitzverhältnisse wiederherstellen.

Gleichzeitig zeigte sich in der Bundesrepublik eine Konjunkturentwicklung, die unter dem Begriff des Wirtschaftswunders zusammengefaßt wurde. Krisenhafte Entwicklungen, wie sie allen kapitalistischen Wirtschaftssystemen innewohnen, schienen endgültig überwunden zu sein. Massenentlassungen und Betriebsstillegungen, wie Ende der fünfziger bis Mitte der sechziger Jahre im Bergbau, wurden eher als Ausnahmeerscheinungen und als branchenspezifische Anpassungstendenz an den »Markt« begriffen, denn als ein Zeichen für die dem Kapitalismus innewohnende Tendenz einer krisenhaften Entwicklung.

Eine grundlegende wirtschaftliche Neuordnung schien den Vertretern dieser

---

35 Vgl. Loderer, Eugen: Montanmitbestimmung – Faustpfand der Wirtschaftsdemokratie, in: Vorstand der IG Metall/Bundesvorstand DGB/Hans-Böckler-Stiftung (Hrsg.), Montanmitbestimmung jetzt sichern. Düsseldorf 1980.

Position überflüssig. Diese Entwicklung zeigt sich auch in den programmatischen Diskussionen um eine Neuformulierung des Grundsatzprogrammes des Deutschen Gewerkschaftsbundes von 1963. Daran lassen sich auch die Auseinandersetzungen innerhalb der Gewerkschaften verdeutlichen. Dazu zwei programmatische Aussagen auf diesem Kongreß:

1. »Die Gewerkschaften kämpfen um die Ausweitung der Mitbestimmung der Arbeitnehmer. Damit wollen sie eine Umgestaltung von Wirtschaft und Gesellschaft einleiten, die darauf abzielt, alle Bürger an der wirtschaftlichen, kulturellen und politischen Willensbildung gleichberechtigt teilnehmen zu lassen.« (Otto Brenner)

2. »Das, was den Arbeiter von heute von anderen Gesellschaftsschichten unterscheidet, ist nicht ein Diskriminiertsein, ein Außenseitersein, sondern das ist die Tatsache, daß ungleiche Einkommensverhältnisse vorliegen, an denen wir etwas ändern müssen...« Begriffe wie Unternehmerwillkür und Ausbeutung werden als »... überholte Floskeln (dargestellt), die nicht mehr in ein Programm hineingehören, das den Gewerkschaften den Weg in die Zukunft weisen soll«. (Georg Leber)

Die Konsequenzen für dieses Grundsatzprogramm werden dann bei seiner endgültigen Fassung deutlich. Zwar wird die Einschätzung, wie sie Otto Brenner vortrug, in die grundsätzlichen Ausführungen der Präambel aufgenommen. Allerdings werden im Vergleich zum Programm von 1949 Verkürzungen an den Stellen deutlich, wo es um die Instrumente geht, mit denen die Wirtschaft gestaltet werden soll.

Waren noch Mitbestimmung, Wirtschaftsplanung und Überführung von Schlüsselindustrien und marktbeherrschenden Unternehmen im Programm von 1949 gleichberechtigte grundsätzliche Ziele, von denen sich die anderen Forderungen ableiten ließen, so werden nun Wirtschaftsplanung, Sozialisierung und Mitbestimmung als aufeinander bezogene Forderungen auseinandergerissen. Aus der Forderung nach Wirtschaftsplanung (Programm 1949) werden Forderungen nach »Investitionslenkung« oder »Rahmenplanung«.

Eine Präzisierung dessen, wie etwa die Instrumente Investitionslenkung und Rahmenplanung zu handhaben sind, welche Voraussetzungen sie haben und welche wirtschaftlichen Konsequenzen ihnen folgen sollen, wird nicht vorgenommen.

Vorangetrieben wurde immer wieder auch in den Beschlüssen der Gewerkschaftstage der Einzelgewerkschaften wie auch auf den DGB-Bundeskongressen die Forderung nach Einführung der paritätischen Mitbestimmung. Im Verlauf der sechziger Jahre nahm die Diskussion um eine Ausweitung der paritätischen Mitbestimmung auch auf andere Wirtschaftszweige erheblich zu. Nicht zuletzt wurde diese Diskussion dadurch stimuliert, daß die erste sozial-liberale Koalition eine Ausweitung von Mitbestimmungsregelungen auf andere Wirtschaftszweige zusagte. In einer Vielzahl von Beschlüssen machten die Gewerkschaften immer wieder deutlich, daß sie für eine Ausweitung der paritätischen Mitbestimmung, wie sie für die Eisen- und Stahlindustrie und im Bergbau gilt, kämpfen werden.

Untersuchungen über die Ergebnisse der paritätischen Mitbestimmung in der Eisen- und Stahlindustrie wie im Bergbau widmen sich den Fragen nach den Erfolgen der paritätischen Mitbestimmung ebenso wie deren Grenzen. Als positive Ergebnisse werden unter anderem benannt:
– Verbesserung der betrieblichen Lohnsysteme,
– besonderer Kündigungsschutz bis hin zur Beschäftigungsgarantie für ältere Arbeitnehmer,
– Verbesserung der betrieblichen Alterssicherung,
– überdurchschnittliche Steigerung der Arbeitssicherheit und der Humanisierung der Arbeitsbedingungen,
– Verbindung von Investitionspolitik mit Personalplanung,
– im Gegensatz zu der übrigen Industrie kein Ausbildungsboykott,
– Bewegungsfreiheit der gewerkschaftlichen Vertrauensleute. **(M 22)**
Die Untersuchungen stellen aber auch unmißverständlich dar, daß paritätische Mitbestimmung kein Allheilmittel für die grundsätzlichen Probleme der kapitalistischen Wirtschaftsordnung ist. Als Grenzen von Mitbestimmung seien hier unter anderem genannt:
– Preisanstieg,
– Geldentwertung,
– Überkapazitäten und damit Arbeitsplatzgefährdung,
– Unterversorgung der Bevölkerung mit öffentlichen Gütern und Dienstleistungen,
– ungleichgewichtige Regionalentwicklung,
– Umweltverschmutzung.
Die Diskussion um eine Ausweitung der Mitbestimmung stellt aber nur einen Strang der Mitbestimmungsdiskussion der fünfziger und sechziger Jahre dar. Mit der Zunahme der Unternehmerstrategien zur Abschaffung der paritätischen Mitbestimmung mußten Gewerkschaften einen erheblichen Kraftaufwand darauf verwenden, die paritätische Mitbestimmung zu sichern. **(M 2)** Vielfach konnte es den Gewerkschaften nur durch Verträge mit den Unternehmensleitungen gelingen, die Montanmitbestimmung in dem jeweiligen Unternehmen zu erhalten[36].
Beide Diskussionen – sowohl die um den Erhalt der Montanmitbestimmung als auch die um die Ausweitung der paritätischen Mitbestimmung auf die weiteren Wirtschaftsbereiche – zeigen aber auch deutlich die Tendenz, daß die Diskussionen um die beiden übrigen Säulen der Demokratisierung der Wirtschaft, die noch im Münchener Programm von 1949 enthalten waren, in der aktuellen Diskussion zurückgedrängt worden sind.
Erst wieder bei den sich verschärfenden Krisen der siebziger Jahre nimmt die

---

36 Zu dieser Vertragspolitik vgl. insbesondere Textsammlung zur Mitbestimmung, Schriftenreihe der IG Metall, Frankfurt/Main 1975².

Diskussion um die Ausgestaltung von gesamtgesellschaftlicher Mitbestimmung, Wirtschaftsplanung und -lenkung zu.
Gerade die Stellungnahmen zum Entwurf des 1981 verabschiedeten Gesetzes zur Sicherung der Montanmitbestimmung auf sechs Jahre zeigen, daß der Grundgedanke, Mitbestimmung als einen Schritt hin zu Demokratisierung von Wirtschaft und Gesellschaft zu begreifen, wieder Platz greift. Unter Hinweis auf den Gründungskongreß des DGB von 1949 führte Eugen Loderer aus:

»Die Montanmitbestimmung ist unser Faustpfand für die weitere Demokratisierung der Wirtschaft.«[37]

Perspektiven dieser weiteren Demokratisierung von Wirtschaft und Gesellschaft hat neben anderen Otto Brenner in seinem Referat »Perspektiven der deutschen Mitbestimmung« deutlich gemacht[38]. Dabei stellt Brenner fest, daß Gewerkschaften sich mit ihrer Forderung nach Mitbestimmung nicht darauf beschränken wollen, einzig und allein Detailkorrekturen am kapitalistischen Planungs- und Entscheidungsprozeß vorzunehmen. Vielmehr stellt er die Aufgabe der Mitbestimmung in eine langfristige Strategie zur Demokratisierung von Wirtschaft und Gesellschaft. Er stellt fest, daß die Forderung nach Mitbestimmung auf den Ebenen des Arbeitsplatzes, des Betriebs, des Unternehmens und in der Gesamtwirtschaft einen Angriff auf die unternehmerische Autokratie darstellt. Mitbestimmung sei insofern radikaldemokratisch und antikapitalistisch.
Um diesem Gedankengang gerecht zu werden, müssen Ergänzungen der gegenwärtigen unternehmenspolitischen Mitbestimmung in vertikaler Richtung vorgenommen werden.

»Zentrum der gewerkschaftlichen Organisationsarbeit ist die konkrete Erfahrungswelt des abhängig Beschäftigten: der Betrieb. Ohne Demokratisierung der Arbeitsbedingungen, ohne gleichberechtigte Interessenvertretung der Arbeitnehmer im betrieblichen Alltag bliebe auch die Mitbestimmung auf den eigentlichen Planungs- und Entscheidungsebenen letztlich im luftleeren Raum angesiedelt. Demokratische Betätigungsmöglichkeiten im unmittelbaren Tätigkeitsfeld der Beschäftigten, wirksame Kommunikations- und Kontrollmöglichkeiten zwischen der Belegschaft und ihren Vertretern sind eine wichtige Voraussetzung für die Funktionsfähigkeit der Mitbestimmung im Unternehmen. Sie muß deswegen durch einen funktionsfähigen Unterbau im Betrieb vervollständigt werden.«[39]

Dieser so skizzierte »betriebliche Unterbau«, der die paritätische Mitbestimmung auf Unternehmensebene ergänzen soll, findet seine Entsprechung in der Forderung nach Mitbestimmungsrechten im gesamtwirtschaftlichen Überbau.

---

37 Aus einem Referat von Eugen Loderer vom 20. 1. 1981 bei einer zentralen Geschäftsführerkonferenz in Frankfurt.
38 Brenner, Otto: Perspektiven der deutschen Mitbestimmung, Referat für die 4. Internationale Arbeitstagung der IG Metall vom 11. bis 14. April 1972 in Oberhausen, in: Qualifizierte Mitbestimmung in Theorie und Praxis, Bd. 1, Köln 1979.
39 Vgl. Brenner, Otto: a.a.O., S. 95.

Dabei geht Brenner von den festzustellenden Interessenkollisionen zwischen gesellschaftlichen Reformzielen und ökonomischen Stabilitäts- und Wachstumszielen aus. Um zu verhindern, daß wirtschaftspolitische Entscheidungen sich einzig und allein an privaten Gewinnerwartungen ausrichten, gilt es, eben jene wirtschaftspolitischen Entscheidungen zu demokratisieren. Denn ein Übergewicht der Unternehmenseinflüsse auf diese Entscheidungen ist nicht zu leugnen.

»Deswegen hat der DGB-Bundesausschuß im Frühjahr 1971 eine Grundkonzeption für die Mitbestimmung der Arbeitnehmer im gesamtwirtschaftlichen Bereich beschlossen. Es schließt die Absage an Arbeits- bzw. an Arbeitnehmerkammern ebenso ein wie die Kritik des öffentlich-rechtlichen Status der Industrie- und Handelskammern. Statt dessen fordern wir paritätisch besetzte Wirtschafts- und Sozialräte auf Regional-, Länder- und Bundesebene. Ihnen sind Informations-, Konsultations- und Initiativrechte gegenüber der Legislative und der Exekutive in wirtschafts- und sozialpolitischen Angelegenheiten zugedacht. Die gesamtwirtschaftliche Mitbestimmung soll sicherstellen, daß die Arbeitnehmerinteressen zum Bestandteil einer planmäßigen und vorausschauenden Wirtschafts- und Gesellschaftspolitik werden.«[40]

---

40 Vgl. Brenner, Otto: a.a.O., S. 98.

3. Richtlinien-Analysen

3.1 Vorbemerkungen

Die Auseinandersetzungen um die »Hessischen Rahmenrichtlinien Gesellschaftslehre« haben deutlich gemacht, wie schwierig es ist, fortschrittliche Bildungspolitik über Lehrpläne bzw. Richtlinien in den Schulen umzusetzen.
Es ist sicherlich wichtig, interessenbezogene Inhalte und Zielsetzungen im Unterricht über staatliche Richtlinien absichern zu lassen, jedoch dürfen die Funktion und der Stellenwert von Richtlinien aber auch nicht überschätzt werden. In der Schulpraxis spielen Richtlinien in der Regel oft nicht *die* Rolle, die ihnen meist zugeschrieben wird. Für die Durchsetzung von Zielen und Inhalten, die sich an den Interessen der abhängig Beschäftigten orientieren, ist der Rückhalt und die Unterstützung durch Schüler, Eltern und Kollegen mindestens ebenso wichtig.
Diese Unterstützung schafft Voraussetzungen, die es erlauben, z. B. das Thema Mitbestimmung so zu behandeln, daß der Lehrer nicht schon bei der Vorbereitung seines Unterrichts, der Auswahl der Texte, Inhalte und Medien die berühmte »Schere im Kopf« ansetzen muß.

Der Stellenwert des Themas im Fächerkanon

Die Durchsicht von Richtlinien ergibt: Das Thema ist in fast allen Richtlinien vorgesehen. Unterschiede ergeben sich nach
- dem betreffenden Unterrichtsfach (entweder Arbeitslehre/Polytechnik/Technik – Wirtschaft oder Politik/Sozialkunde/Gesellschaftslehre. Die Bezeichnungen sind in den einzelnen Bundesländern und Schularten unterschiedlich.),
- dem in Frage kommenden Jahrgang,
- der für das Thema zur Verfügung stehenden Zeit,
- der Ausführlichkeit der Themenbeschreibung.

Es ist hier keine Analyse *aller* Richtlinien, *aller* Schulformen und Schulstufen sowie *aller* Bundesländer vorgenommen worden.
Die vorliegende Auswahl soll zeigen, daß unsere Vorschläge für den Unterricht staatlichen Auflagen genügen und Unterricht im Interesse der abhängig Beschäftigten ermöglichen.

Die allgemein gehaltenen Richtlinien werden oft in schulinternen Plänen konkretisiert. Am meisten wohl in Gesamtschulen, in denen Kooperation tagtäglich praktiziert wird. Diese Pläne sind für die unterrichtenden Kollegen mehr oder weniger verpflichtend. Schulische Fachgruppen haben oft fertig ausgearbeitete Unterrichtseinheiten vorliegen, die dem Lehrer Hilfen und Anregungen für Unterrichtsplanung sowie den Einsatz von Schülermaterial anbieten.
Einige Richtlinien waren auf Anfrage von den zuständigen Stellen nicht zu erhalten. Bei anderen in Frage kommenden Richtlinien war zu erfahren, daß sie noch überarbeitet werden und noch nicht in der gültigen Fassung vorliegen (z. B. Richtlinien für Sozialwissenschaften, Sek. II NRW).

3.2 Aus den »Rahmenrichtlinien Gesellschaftslehre«
(Hessen, alle Schulformen, Sek. I)

Die Rahmenrichtlinien werden schon seit Jahren aufgrund des Drucks konservativer Interessenverbände »überarbeitet«. Die Neufassung soll 1981 endlich vorliegen. Hier die uns zugängliche Fassung aus dem Jahre 1973 (vgl. Diesterweg Verlag, S. 237).

»– Welche Möglichkeiten haben die Arbeitnehmer, im Betrieb ihre Interessen zu vertreten (Betriebsverfassungsgesetz, Gewerkschaften . . .)?
– Welche Möglichkeiten der überbetrieblichen Interessenwahrnehmung gibt es?
– Welche Vorstellungen von Interessenvertretung der Arbeitnehmer weisen über die bisher vorliegenden hinaus bzw. bleiben hinter ihnen zurück; von wem werden sie vertreten (paritätische Mitbestimmung, Arbeiterselbstverwaltung, Wirtschaftsdemokratie . . .)?«

3.3 Aus den »Rahmenrichtlinien Polytechnik – Arbeitslehre«
(Hessen, Sek. I, 1976, Diesterweg Verlag, Bst. Nr. 50 140, alle Schulformen, S. 60)

Aus dem »Didaktischen Kern 5.2«:

»Die Einwirkungsmöglichkeiten des Arbeitnehmers und seiner Vertretung auf die Gestaltung der Arbeit und ihrer Bedingungen kennen.«

Lernziele	Gegenstände
4. Mitwirkungs- bzw. Mitbestimmungsmöglichkeiten bei der Gestaltung von Arbeitsplätzen ermitteln und diskutieren	Tarifverträge, Betriebsverfassungsgesetz, Betriebsvereinbarungen, Arbeitsschutzbestimmungen

Lernziele	Gegenstände
5. Möglichkeiten und Grenzen der **Mitbestimmung** im Hinblick auf die **Betriebsverfassungen** vergleichen	Eigentum, Verfügungsgewalt, Gesellschaftsformen, Hierarchie, Betriebsgröße, Betriebsverfassungsgesetz, Wirtschaftslage, Argumentation der Interessengruppen
6. Aufgaben und Arbeitsweise der **Betriebsräte und der Jugendvertretung** feststellen, Auswirkungen auf den einzelnen Arbeitnehmer überprüfen	Betriebsverfassungsgesetz (Betriebsrat, Jugendvertretung), Formen und Bereiche (wirtschaftliche, soziale und personale Bereiche) der Mitbestimmung, Mitbestimmungsgesetz, Personalvertretungsgesetz
7. Funktionen der **Gewerkschaften** in der Volkswirtschaft beschreiben; Gründe für oder gegen die Mitgliedschaft in einer Gewerkschaft aufführen	Tarifautonomie, Interessenvertretung der Arbeitnehmer und der Arbeitgeber, Mitwirkung bei wirtschaftspolitischen Entscheidungen, Beiträge, Leistungen, Koalitionsfreiheit, Solidarität

3.4 Aus den Richtlinien »Technik – Wirtschaft«
(Hauptschule, NRW, 1968, Ratingen, 2. Auflage 1972, Henn-Verlag)

Problemfeld: »*Mitbestimmung in Betrieb und Unternehmung*«

Ausgangsposition	Unterrichtlicher Auftrag (Lernziele)	Unterrichtliche Realisation Mögliche Realisationsformen Arbeitstechniken Beispiele
Die Situation des Arbeitnehmers bei Fragen der wirtschaftlichen Mitbestimmung kann wie folgt gekennzeichnet werden: Entscheidungsrechte innerhalb der Privatwirtschaft haben die Eigentümer der Produktionsmittel, die Banken und das Management. Dabei kommt dem Management wachsende Bedeutung zu (Informationshäufung).	Der Schüler kann sich vergegenwärtigen, weshalb zwischen Arbeitgeber und Arbeitnehmer grundsätzliche Interessenunterschiede bestehen (als Wiederholung). Die bruchstückhaften Kenntnisse betrieblicher Hierarchien (aus Betriebspraktikum, Betriebserkundung, Elternhaus) werden vervollständigt. Dabei soll	Ausgehend von Erfahrungen und Analysen aus dem Bereich der *Schule* (Mitbestimmung in der Schule) und Freizeit (Mitbestimmung im Freizeitbereich der Jugendlichen: Politische Bildung) werden parallele Fragen und Probleme in der *Arbeitswelt* ausgesucht. **Analyse** von Lehrlingsprotokollen oder Lehrlingsbe-

Ausgangsposition	Unterrichtlicher Auftrag (Lernziele)	Unterrichtliche Realisation Mögliche Realisationsformen Arbeitstechniken Beispiele

Von Mitbestimmungsrechten über die Produktion sind die Arbeitnehmer weitgehend ausgeschlossen. Ihre Rechte innerhalb des Betriebs sind hierarchisch abgestuft (Betriebspyramide).

Mitbestimmungsrechte sehr unterschiedlicher Reichweite drücken sich aus
** auf der Ebene des Arbeitsplatzes in den Rahmentarifverträgen.
** auf der Ebene des Betriebes im Betriebsverfassungsgesetz 1972.
** auf der Ebene der Unternehmungen im Montanmitbestimmungsgesetz und den ergänzenden Gesetzen.

Diese Rechte beschränken sich jedoch auf Mitbestimmungsansätze und bedürfen der Ausweitung auf alle wirtschaftlichen personellen und sozialen Entscheidungsbereiche.

die Position des Auszubildenden im Betrieb eine besondere Beachtung finden.

Der Schüler kann, evtl. in einem Vergleich des Schülerproduktionsbetriebes mit der betrieblichen Produktion, den jeweiligen Grad an Selbstbestimmung und Fremdbestimmung (nicht: Entfremdung) am Arbeitsplatz deutlich machen. Er kann die verschiedenen Ebenen der wirtschaftlichen Mitbestimmungsmöglichkeiten nennen und gesetzliche Bestimmungen aufführen. Er kann diese gesetzlichen Bestimmungen unter Zugrundelegung seiner Interessen in ersten Ansätzen kritisieren. Er kann sein Interesse an einer Ausweitung der Mitbestimmung begründen bzw. Gründe für sein Desinteresse nennen und problematisieren.

Er kann Gründe für die Schwierigkeiten einer Ausweitung der Mitbestimmung der Arbeitnehmer auf den verschiedenen Ebenen nennen, die in den Voraussetzungen dieser Gruppe liegen (Mangel an Informationen und Qualifikationen, Gefühl der Unsicherheit in anderen sozialen Gruppen, Mangel an Solidarität). Er kann diese fehlenden Voraussetzungen in den gesellschaftlichen Zusammenhang einordnen.

fragungen, Interviews mit Lehrlingen (Auszubildenden) und jugendlichen Arbeitnehmern (ehemalige Schüler) im Hinblick auf deren (tatsächlichen) Rechte in dem Betrieb: Gesetzliche Rechte des Jugendlichen im Betrieb bekannt (Arbeitsschutz, Berufsbildung usw.)? Eigenverantwortliches Arbeiten?

Ausgangsposition	Unterrichtlicher Auftrag (Lernziele)	Unterrichtliche Realisation Mögliche Realisationsformen Arbeitstechniken Beispiele
Von einer Mitbestimmung jugendlicher Arbeitnehmer und Lehrlinge (Auszubildende) kann nicht gesprochen werden. Die Aufgaben der Jugendvertretung in den Betrieben sind stark begrenzt (vgl. Betr. VG 1972 § 70).	Er kann die Legitimation der Arbeitgeber (Eigentum, Unvereinbarkeit von demokratischen Verhältnissen und Unternehmensführung im Konkurrenzkampf, mangelnde Qualifikation der Arbeitnehmer) problematisieren. Er weiß, daß dem Risiko des Unternehmens (finanzielle Einbußen) das Risiko des Arbeitnehmers gegenübersteht (z. B. Verlust des Arbeitsplatzes). Er kann Maßnahmen zur Einflußnahme auf die Unternehmensleitungen nennen (Presseveröffentlichungen, Streiks usw.).	**Textvergleich** von unterschiedlichen Äußerungen zur Mitbestimmung von seiten der Gewerkschaften und Arbeitgeberorganisationen, der Parteien und der Kirchen (Beschränkung in der Auswahl!). Unterschiede müssen deutlich sichtbar sein). Bei dem Vergleich müssen die Manipulationstechniken in den Texten deutlich herausgearbeitet werden; evtl. an Hand folgender Fragen Textmaterial kritisch betrachten: Wer ist der Herausgeber? – Wer ist Adressat? – Was wird zum Thema Mitbestimmung ausgesagt (Fettgedrucktes)? – Wie steht der Verfasser zur Mitbestimmung in der Wirtschaft? – Gibt er Gründe dafür/dagegen an? **Diskussion** mit Vertretern der Arbeitgeber- und der Arbeitnehmerseite sowie verschiedener Parteien in der Schule. *Möglichkeiten der Veränderung* (vgl. Problemfeld »Lohn und Arbeitsplatz«) Da eine theoretische Diskussion über Veränderungsmöglichkeiten im betrieblichen Bereich wenig sinnvoll ist, sollte hier eine entsprechende aktuelle Fallstudie aus dem öffentlichen Be-

Ausgangsposition	Unterrichtlicher Auftrag (Lernziele)	Unterrichtliche Realisation Mögliche Realisationsformen Arbeitstechniken Beispiele
		reich eingesetzt werden. (Das Material kann bei den zuständigen Arbeitsgerichten oder DGB-Geschäftsstellen beschafft werden.) Z. B. Erzwingen eines Sozialplanes durch organisierte Arbeitnehmerinitiative bei Schließung eines Verkaufsbetriebes.

3.5 Aus den Richtlinien für den »Politikunterricht«
(alle Schulformen, Sek. I, NRW, Düsseldorf, 2. Auflage 1974, Hagemann Verlag)

Die Richtlinien für den Politikunterricht (»Schörken-Richtlinien«), lange Zeit in NRW von der CDU-Opposition wegen angeblich marxistischer Tendenzen heftig befehdet, geben in zehn Qualifikationen die Ziele des Politikunterrichts an. Sie sind in Lernziele erster und zweiter Ordnung untergliedert. Verbindliche Themenkataloge werden nicht genannt. Allerdings gibt es Vorschläge für Themen im Politikunterricht. Vergleiche dazu die Unterrichtseinheit 10 für die Klassen 9/10:

»Thema: Arbeitsfriede oder Streik
Interessenvertretung und Konfliktregelung in der Arbeitswelt
Inhalte und Probleme: Organisierte Interessenvertretung im Betrieb; Lehrlingsinteresse, betriebliche Mitbestimmung; Gruppeninteressen und gesamtgesellschaftliche Notwendigkeiten ... Arbeitskonflikte und ihre Austragung; Mißbrauch organisierter Macht; Möglichkeiten der Konfliktregelungen.«
Als Qualifikationen und Ziele, die für unser Thema herangezogen werden können, sind zu nennen (hier nur die in Frage kommenden Lernziele erster Ordnung):

Qualifikation 2:
»Fähigkeit und Bereitschaft, die Chancen zur Einflußnahme auf gesellschaftliche und politische Entscheidungsprozesse und Herrschaftsverhältnisse zu erkennen, zu nutzen und zu erweitern.

2.1 Fähigkeit, den gegebenen politischen Handlungsspielraum zu erkennen.
2.2 Fähigkeit, den gegebenen politischen Handlungsspielraum zu nutzen und damit seine Einschränkung zu verhindern.
2.3 Fähigkeit und Bereitschaft, den politischen Handlungsspielraum zu erweitern, damit für sich und andere ein größeres Maß an Selbstbestimmung zu erreichen.

Qualifikation 5:
Fähigkeit und Bereitschaft, einerseits eigene Rechte und Interessen – nach Möglichkeit solidarisch und kompromißbereit – wahrzunehmen und andererseits gesellschaftliche Interessen als eigene zu erkennen und diesen gegebenenfalls den Vorrang zu geben.

5.1 Fähigkeit, die eigene Rechts- und Interessenlage zu erkennen.
5.2 Fähigkeit, Ursachen der Einschränkungen eigener Rechte und der Möglichkeit zur Wahrnehmung eigener Interessen zu analysieren.
5.3 Fähigkeit und Bereitschaft, Rechte in Anspruch zu nehmen.
5.4 Bereitschaft, Interessen und Wertvorstellungen in Solidarität mit anderen durchzusetzen und Kompromisse einzugehen.
5.5 Fähigkeit, Kriterien für gesellschaftliche Interessen zu erarbeiten.
5.6 Fähigkeit zu erkennen, welche Methoden der Durchsetzung von Interessen mit der bestehenden Verfassungs- und Rechtsordnung übereinstimmen.
5.7 Bereitschaft, Beiträge zur Befriedigung gesamtgesellschaftlicher Bedürfnisse zu leisten.

Qualifikation 6:
Fähigkeit, die gesellschaftliche Funktion von Konflikten zu erkennen, und die Bereitschaft, sich durch Wahl angemessener Konzeptionen an der Austragung von Konflikten zu beteiligen.

6.1 Fähigkeit, Konflikte als eine Form des gesellschaftlichen und politischen Prozesses zu erkennen.
6.2 Fähigkeit, die strukturellen Grundlagen von Konflikten zu analysieren.
6.3 Fähigkeit, die einem Konflikt zugrundeliegenden Interessengegensätze und Machtverhältnisse zu erkennen und rational zu ihnen Stellung zu nehmen.
6.4 Bereitschaft, sich am Austragen von Konflikten zu beteiligen.
6.5 Bereitschaft, sich über die Möglichkeiten der Regelung von Konflikten zu informieren und entsprechend zu handeln.
6.6 Fähigkeit und Bereitschaft, Möglichkeiten von Konfliktregelungen kritisch zu beurteilen und gegebenenfalls neue Wege zu prüfen.«

Diese Richtlinien und die angegebenen Qualifikationen und Lernziele sind so zu verstehen, daß nicht alle in den Richtlinien genannten Ziele durch die Schule bzw. im Rahmen des Politikunterrichts zu erreichen sind oder gar überprüft werden können. Die Richtlinien bieten eine gute Grundlage für kritischen Politikunterricht und lassen dem Lehrer großen Spielraum für die Auswahl von Inhalten. Diese Prämisse steht besonders in Einklang mit dem von uns vertretenen Unterrichtskonzept (vgl. 7.2).

3.6 Leitsätze des Deutschen Gewerkschaftsbundes zur Arbeitslehre[1]

Der Geschäftsführende Bundesvorstand des Deutschen Gewerkschaftsbundes verabschiedete am 14. Februar 1977 Leitsätze zur Arbeitslehre. Dabei geht er davon aus, daß das Fach Arbeitslehre Schüler auf die Bedingungen des Arbeitslebens und ihre soziale Lage als zukünftig abhängig Beschäftigte vorzubereiten hat. Diese Vorbereitung soll sich am Interesse der Arbeitnehmer orientieren. Dazu verpflichtet nach Auffassung des DGB nicht zuletzt des Sozialstaatsgebot des Grundgesetzes.

Weiter geht der Deutsche Gewerkschaftsbund davon aus, daß das Fach Arbeitslehre sich nicht auf die Vermittlung isolierter hauswirtschaftlicher, technischer oder sozialwissenschaftlicher Kenntnisse reduzieren läßt. Vielmehr wird der Begriff der Arbeitslehre im Sinne von polytechnischer Bildung verstanden. D. h. er soll den schulischen Unterricht und die betriebliche Wirklichkeit so miteinander verbinden, daß die Schüler auf ihre soziale Lage als abhängig Beschäftigte vorbereitet werden. Eine solche Vorbereitung läßt sich naturgemäß nicht auf ein Fach reduzieren, sondern ist Unterrichtsprinzip für mehrere Fächer.

Unter diesen Voraussetzungen ist es konsequent, daß die Qualifikationsziele, die Arbeitslehre vermitteln soll, sich auf die Kenntnisse von gesellschaftlichen Verhältnissen, Ursachen und Wirkungen technisch-ökonomischer Prozesse und arbeitsorganisatorischer Verfahrensweisen beziehen müssen. Diese Kenntnisse sind notwendig, um darauf vorbereitet zu sein, Probleme lösen und Interessen als abhängig Beschäftigter durchsetzen zu können. Lernziele schließen in diesem Sinne also Kenntnisse wie Umsetzung und Lösungsfähigkeiten mit ein. Sie sind bewußt interessenbezogen formuliert, um zukünftige Arbeitnehmer zur Mit- und Selbstbestimmung zu befähigen.

1 in: Forderungen des Deutschen Gewerkschaftsbundes zur Bildungspolitik Düsseldorf o. J.

4. Schulbuch-Analysen

In der Schule werden Einstellungen geprägt, die für das zukünftige Verhalten der abhängig Beschäftigten von weitreichender Bedeutung sind. Dabei spielen die Schulbücher eine wichtige Rolle.
Trotz nachhaltiger Veränderungen der schulischen Medienlandschaft kann man das Schulbuch auch weiterhin als wichtige Bestimmungsgröße für die Planung und Durchführung von Unterricht und als wichtige Informationsquelle für die Schüler ansehen. Der Einfluß von Schulbüchern auf die Entwicklung des Bewußtseins der Schüler ist daher bedeutsam. Die Interpretation politischer, sozialer und ökonomischer Zusammenhänge sowie die Haltung der Schüler zur gewerkschaftlichen Interessenvertretung werden durch den schulischen Sozialisationsprozeß mit geprägt.
Seit einigen Jahren ist eine breit angelegte Offensive der Unternehmerverbände im Bildungsbereich festzustellen, die das Ziel verfolgt, schulpolitische Reformansätze zurückzudrängen und Schulbücher sowie Lehrpläne auf ein an konservativen Werten und Normen orientiertes Bildungs- und Gesellschaftsbild festzulegen[1].
Die konservative Schulbuchschelte reduziert sich im Kern auf die Anklage, daß einzelne Schulbücher einseitig an Arbeitnehmerinteressen orientiert seien. Insbesondere die Schulbücher, die in ihrer didaktischen Konzeption den grundlegenden Interessengegensatz von Arbeit und Kapital aufzeigen, werden von den Unternehmerverbänden in die Nähe der Verfassungsfeindlichkeit gerückt.
Ginge es nach dem Willen der Unternehmerverbände, dann sollten jene Schulbücher aus dem Schulunterricht verbannt werden, die die Arbeitswelt und die Gesellschaft nicht als Harmonie-, sondern als Konfliktgebilde verstehen, die sich ordnungspolitisch nicht der Sozialpartnerschaft verpflichtet fühlen und kontroverse

---

1 Vgl. dazu: Michalik, H., Das Unternehmerbild in Schulbüchern, Institut der Deutschen Wirtschaft, Köln 1978;
Ebmeyer, K. U., Szenen aus der Arbeitswelt. Erfahrungen mit deutschen Lesebüchern, Institut der Deutschen Wirtschaft, Köln 1978;
Wirtschaftsrat der CDU e. V., Gefährliche Tendenzen in Schulbüchern – eine Folge der Emanzipationstheorie?, Bonn 1978.

Positionen zur Diskussion stellen. Dabei ist das Vorgehen der Schulbuchkritiker allzu durchsichtig. Zitate, die geeignet sind, emotionale Reaktionen der Eltern hervorzurufen, werden aus dem Zusammenhang des Textes oder der Aufgabenstellung gerissen und verabsolutiert. Diese Vorgehensweise macht deutlich, daß es in der Schulbuchauseinandersetzung nicht um pädagogische, sondern um politische Ziele geht und daß die Unternehmerverbände keineswegs eine gründliche inhaltliche Auseinandersetzung über die bestehenden Schulbücher und ihre didaktischen Konzeptionen anstreben.

Demgegenüber haben wissenschaftliche Untersuchungen festgestellt, daß bei der Darstellung der Arbeitswelt in Schulbüchern die Sichtweise der Arbeitgeber dominiert. Die wesentlichsten Ergebnisse dieser Untersuchungen lassen sich wie folgt zusammenfassen:

– Die Probleme der abhängig Beschäftigten, die Konflikte in der Arbeitswelt werden in den Schulbüchern weitgehend vernachlässigt. Die wenigen, in den Schulbüchern enthaltenen Informationen über die Arbeitswelt sind darüber hinaus zumeist von Unternehmerinteressen geprägt. Interessengegensätze in der Arbeitswelt, z. B. in der Berufsausbildung, werden zugunsten von Harmonievorstellungen geglättet.

– Die Darstellung der Gewerkschaften und der betrieblichen Interessenvertretung kommt in den Schulbüchern zu kurz. Es herrschen antigewerkschaftliche Vorstellungen bei der Behandlung der gewerkschaftlichen Aufgabenfelder vor. Die Gewerkschaften werden in den Schulbüchern nicht aus der Sicht der abhängig Beschäftigten begründet.

– Nur einige wenige Sozialkundebücher vermitteln den Schülern ein relativ realistisches Bild über die Arbeitswelt und genügen dem Anspruch nach einem arbeitnehmerinteressenbezogenen Unterricht.

Insbesondere sind folgende Schulbücher hervorzuheben:

Mickel, Arbeitsbuch Politik,
Düsseldorf, 2. Auflage 1978, Bagel

Krafft (Hrsg.), Lernbereich Wirtschaft 8,
Düsseldorf 1976, Bagel

Krafft (Hrsg.), Lernbereich Wirtschaft 10,
Düsseldorf 1980, Bagel

Kraft, Interessenvertretung und Mitbestimmung,
Textsammlung und Aufgaben mit Lehrerteil,
Hannover 1976, Schroedel

Claessens/Klönne, Sozialkunde in der BRD, Kapitel »Gewerkschaften und Mitbestimmung«,
Düsseldorf 1980, Diederichs

Zum Themenbereich »Mitbestimmung« weisen Schulbuchanalysen darauf hin, daß erhebliche Defizite vorhanden sind. Böttcher[2] stellt in seiner Untersuchung »Das Bild der Gewerkschaften in Schulbüchern« folgendes fest:

»Die Mitbestimmungsforderung wird als gewerkschaftliche Angelegenheit behandelt. Mitbestimmung als gesamtgesellschaftliches Demokratiepotential wird nicht einmal angedeutet.«

Bettien/Jacobi verweisen darauf, daß bei der Aufarbeitung der betrieblichen Mitbestimmung die Wiedergabe einzelner Bestimmungen des Betriebsverfassungsgesetzes von 1952 und 1972 im Mittelpunkt steht.

»Es zählt zu den Grundmethoden der untersuchten Sozialkundebücher, die betriebliche Mitbestimmung ahistorisch aufzuarbeiten. Sie verzichten auf die Vermittlung der einzelnen Etappen des Kampfs der Arbeiterbewegung um eine demokratische Betriebsverfassung, der von den 1891 gesetzlich eingerichteten Fabrikausschüssen bis zu dem Betriebsverfassungsgesetz von 1972 führt.«[3]

Zum Bereich »Montanmitbestimmung« wird u. a. festgestellt, daß der größte Teil der Schulbücher den Eindruck vermittelt, »daß die Mitbestimmung von Unternehmerseite freiwillig zugestanden wurde und nicht es sich in der Mitbestimmungsfrage um eine Machtfrage gehandelt hat, die durch das Kräfteverhältnis der Klassen zueinander entschieden wurde. Zahlreiche Demonstrationen gewerkschaftlicher Kampfentschlossenheit und Solidarität, die das Bild der Auseinandersetzung um das Montanmitbestimmungsgesetz prägen, bleiben unerwähnt«. Und an anderer Stelle heißt es:

»In ihren Ausführungen zum Montan-Mitbestimmungsgesetz beschränken sich die Schulbücher wesentlich auf eine formale Darstellung des Aufsichtsrates, darüber hinaus zitieren einige Schulbücher aus dem Gesetzestext selbst, ohne allerdings die Qualität der Montanmitbestimmung zu verdeutlichen.«[4]

---

2 Böttcher, W./Moritz, J., Das Bild der Gewerkschaften in Schulbüchern der Bundesrepublik, in: Gewerkschaftliche Bildungspolitik, Heft 8/1976.
3 Bettien, A./Jacobi, A., Das Bild der Gewerkschaften in hessischen Schulbüchern, in: Demokratische Erziehung, Heft 6/78.
4 Vgl. dazu: Bojanowski, H./Lochmann, W., Darstellung der Gewerkschaften in ausgewählten Schulbüchern zur politischen Bildung für berufliche Schulen des Landes Hessen. Kassel 1979, (Wissenschaftliche Hausarbeit, unveröffentlichtes Manuskript) insb. die Seiten 164–197.

5. Literatur

Diese Literaturhinweise verstehen sich nicht als umfassende Auswahl aller Bücher zum Thema. Vielmehr wurde versucht, sich auf die wichtigsten Veröffentlichungen mit einem unmittelbaren Bezug zur Mitbestimmung und Interessenvertretung zu konzentrieren. Wert wurde auch darauf gelegt, preiswerte bzw. kostenlos zu beziehende Bücher zu empfehlen.

5.1 Grundlagenliteratur für Lehrer

Betriebsverfassungsgesetz
Kostenlos erhältlich bei den DGB-Kreisen und den Verwaltungsstellen der IG Metall

Mitbestimmung – Eine Gesetzessammlung
(Mitbestimmungsgesetz, Montan-Mitbestimmungsgesetz, Betriebsverfassungsgesetz, Mitbestimmungsurteil des Bundesverfassungsgerichts)
Kostenlos erhältlich bei: Referat Presse- und Öffentlichkeitsarbeit des Bundesministeriums für Arbeit und Sozialordnung, Postfach, 5300 Bonn

Gewerkschaften und Mitbestimmung
Referentenleitfaden aus dem Curriculumprojekt
»Mitbestimmung und politische Bildung« des DGB
Kostenlos erhältlich bei: DGB-Bundesvorstand, Abt. Gesellschaftspolitik, Hans-Böckler-Str. 39, 4000 Düsseldorf 30

Betriebliche und gewerkschaftliche Interessenvertretung
Argumentationshilfe (Arbeitskreis Gewerkschaft – Schule)
Deutscher Gewerkschaftsbund Landesbezirk Nordmark, Besenbinderhof 57, 2000 Hamburg 1
Kostenlos dort erhältlich

Däubler, W., *Das Arbeitsrecht,* rororo-aktuell Nr. 4057 und 4275, Hamburg 1979, Bd. I DM 8,80, Bd. II DM 10,80

Himmelmann, G., *Mitbestimmung der Arbeitnehmer im Betrieb und im Unternehmen,* in: ders., Arbeitsorientierte Arbeitslehre, Opladen 1977, Westdeutscher Verlag
Kostenlos erhältlich bei der Landeszentrale für politische Bildung NRW, Neanderstraße 6, 4000 Düsseldorf (nur für Lehrer in NRW)

Industriegewerkschaft Metall/Hans-Böckler-Stiftung (Hrsg.), *Der Kampf um den Erhalt der Montanmitbestimmung,* Düsseldorf o. J.
Kostenlos erhältlich bei IG Metall Zweigbüro, Pionierstraße 12, 4000 Düsseldorf 30

Für den Betriebsrat
Schriftenreihe der IG Metall Nr. 32,
(Hrsg.) IG Metall Vorstand, Abt. Betriebsräte/Betriebsverfassungsrecht
Kostenlos erhältlich bei den Verwaltungsstellen der IG Metall

Textsammlung zur Mitbestimmung
Schriftenreihe der IG Metall Nr. 61
(Hrsg.) IG Metall Vorstand, Zweigbüro
Kostenlos erhältlich bei den Verwaltungsstellen der IG Metall

Klönne, Arno, *Die deutsche Arbeiterbewegung*
Düsseldorf/Köln 1980
Kostenlos erhältlich bei der Landeszentrale für politische Bildung NRW, Neanderstraße 6, 4000 Düsseldorf (nur für Lehrer in NRW)

Rolle und Aufgaben der Gewerkschaften im letzten Viertel des 20. Jahrhunderts
bes. S. 27–34
(Hrsg.) Industriegewerkschaft Druck und Papier
Kostenlos erhältlich über IG Druck und Papier Hauptvorstand, Friedrichstraße 15, 7000 Stuttgart 1

Johannson, K., *Der Betriebsrat*
Bund-Verlag, Köln 1977
DM 18,–

Vertrauensleute berichten
Werkkreis Literatur der Arbeitswelt,
Frankfurt 1979, Fischer Taschenbuch Verlag Nr. 2179
DM 6,80

Der Angriff – Mannesmann gegen Mitbestimmung
Metall-Taschenbuch Nr. 2, Frankfurt 1980
DM 6,80

Reihe *Qualifizierte Mitbestimmung in Theorie und Praxis*
Hrsg. von Rudolf Judith, Friedrich Kübel, Eugen Loderer, Hans Schröder,
Heinz Oskar Vetter
Bund-Verlag Köln
– Band 1
  Montanmitbestimmung
  Geschichte, Idee, Wirklichkeit
  1979, DM 9,80
– Band 2
  Montanmitbestimmung
  Dokumente ihrer Entstehung
  1979, DM 14,80
– Band 3
  Autorengemeinschaft
  Sozialplanpolitik in der Eisen- und Stahlindustrie
  1979, DM 14,80
– Band 4
  Rudolf Judith u. a.
  Die Krise der Stahlindustrie – Krise einer Region
  1980, DM 9,80

– Band 5
  Adi Ostertag (Hrsg.)
  Arbeitsdirektoren berichten aus der Praxis
  1981, DM 14,80

5.2 Unterrichtseinheiten

Kraft, P., *Interessenvertretung und Mitbestimmung der Arbeitnehmer*
Textsammlung und Aufgaben mit Lehrerteil
Schroedel Hannover 1976, ca. DM 12,–

Mitbestimmung im Betrieb. Unterrichtsmaterialien zur Arbeits-, Wirtschafts- und Gesellschaftslehre
2. Aufl. 1980
Bestellungen über: Level, Postfach 3827, 3000 Hannover 1, DM 12,–

Klesse, K. (Arbeitskreis Schule – Gewerkschaft Köln), Ausgewählte Filme für Schule und (gewerkschaftliche) Bildungsarbeit,
in: Grützmacher, G., *Vademecum für Lehrer.*
Gesammeltes praktisches Lehrerwissen
Köln 1980, Eigendruck. DM 14,50 – nur gegen Vorkasse als Verrechnungsscheck.
Zu bestellen bei G. Grützmacher, Konrad-Adenauer-Ufer 101, 5000 Köln 1.

5.3 Schulbücher und Schulbuch-Analysen

Helbig, H., *Politik im Aufriß*
Frankfurt 1978, Diesterweg Verlag, DM 14,80

Hilligen, W., *Sehen – Beurteilen – Handeln*
Frankfurt 1978, Hirschgraben-Verlag, DM 10,80

Janssen, B. u. a., *Erfahrung – Ermutigung – Kritik*
Heft 32 der Reihe: Modelle für den politischen und sozialwissenschaftlichen Unterricht, Neue Folge
Köln 1977, Europäische Verlagsanstalt, DM 19,80

Auer, F. v., *Aus der Sicht der Gewerkschaft Erziehung und Wissenschaft,*
in: Tewes, B. (Hrsg.), Schulbuch und Politik, Paderborn 1979, Verlag Schöningh, S. 143–154, DM 14,80

Bettien, A./Jacobi, A., *Das Bild der Gewerkschaften in hessischen Schulbüchern*
Marburg 1978, in Kurzfassung herausgegeben vom DGB Landesbezirk Hessen, 1980
Kostenlos erhältlich bei: DGB Landesbezirk Hessen,
Wilhelm-Leuschner-Straße 69–77, 6000 Frankfurt/Main

Bettien, A./Jacobi, A., *Das Thema Mitbestimmung in Sozialkundebüchern,*
in: Demokratische Erziehung, Heft 6/1978

Böttcher, W./Moritz, J., *Das Bild der Gewerkschaften in Schulbüchern der Bundesrepublik,*
in: Gewerkschaftliche Bildungspolitik, Heft 8/1976
Kostenlos erhältlich bei: DGB Bundesvorstand, Hans-Böckler-Straße 39, 4000 Düsseldorf 30

Böttcher, W., *Arbeitswelt und Arbeiterinteressen im Schulbuch,*
in: Demokratische Erziehung, Heft 1/1978

Bojanowski, H./Lochmann, W., *Darstellung der Gewerkschaften in ausgewählten Schulbüchern zur politischen Bildung für berufliche Schulen des Landes Hessen*
Wissenschaftliche Hausarbeit zur ersten Staatsprüfung, Kassel 1979

Roloff, E. A., *Die Welt der Arbeit im Schulbuch,*
In: Frankfurter Hefte, Sonderheft Arbeitswelt, 4/1977

5.4 Schülermaterial

Bange machen gilt nicht
Kostenlos erhältlich beim Deutschen Gewerkschaftsbund, Abt. Werbung, Hans-Böckler-Straße 39, 4000 Düsseldorf 30

Deine Rechte in Betrieb und Verwaltung
Kostenlos erhältlich beim Deutschen Gewerkschaftsbund, Abt. Werbung, Hans-Böckler-Str. 39, 4000 Düsseldorf 30

Du hast Rechte, nutze sie!
1978 – Jugendinformationen von A–Z
(Hrsg.) Industriegewerkschaft Metall Vorstand, Abt. Jugend, 1978
Kostenlos erhältlich bei den Verwaltungsstellen der IG Metall

6. Audio-visuelle Medien

Unter audio-visuellen Medien sollen hier
- Filme
- Videobänder
- Diaserien (vertont) und
- Schallplatten

verstanden werden.

6.1 Zur Arbeit mit Filmen

In der lesenswerten Unterrichtseinheit von Krupke/Tewes[1] findet man folgende grundsätzliche Überlegungen zur Arbeit mit Medien, besonders zu Filmen:

»Zur Auflockerung des Unterrichts trägt der Einsatz verschiedener Medien bei: Bilder, Karikaturen, Filme. Die Vergrößerung des Lernerfolgs durch Methodenwechsel ist allerdings nur dann gewährleistet, wenn Medien nicht als ›Füllsel‹ oder ›Lückenbüßer‹ eingesetzt werden, sondern zielgerichtet in den Unterricht eingeplant werden.
Beim Einsatz eines Films ist mit den durch das Fernsehen geprägten Sehgewohnheiten der Schüler zu rechnen. Während Fernsehen meist zur Passivität führt, wollen wir die Schüler durch den Einsatz von Filmen zur Selbständigkeit erziehen. Voraussetzung dazu ist die Vorbereitung des Films durch den Lehrer, der sich den Film vorher ansehen sollte. Die Schüler müssen durch bestimmte Fragen auf einzelne Schwerpunkte des Films aufmerksam gemacht werden, oder es müssen Informationen, die zum Verständnis des Films notwendig sind, vor der Filmvorführung gegeben werden. Nach dem Film muß die inhaltliche Aufarbeitung nach den vorher gestellten Fragen erfolgen, müssen zusätzliche Informationen in die Diskussion einbezogen und die Beziehung zu den bisher erarbeiteten Lerninhalten hergestellt werden.«

Diesen Ausführungen schließen wir uns an.
Die Durchsicht des Filmangebots hat gezeigt, daß einige Filme sehr gutes Material zum Thema hergeben. Deswegen werden sie in einer Übersicht (vgl. 6.2) aufgelistet und einige, besonders für den Unterricht bedeutende Filme, näher beschrieben (mit

---

1 Krupke, S. / Tewes, A., Streik und Aussperrung. Der Metallerstreik 1978/79: Die Gewerkschaft im Kampf für sichere Arbeitsplätze und gegen Unternehmerwillkür. Reihe »Unterrichtseinheiten für Schule und Jugendbildung«, Heft 4, Pahl-Rugenstein, Köln, 1980, S. 9.

Unterrichtsvorschlägen, vgl. F 1–F 5). Der Filmeinsatz ist für den Lehrer oftmals mit folgenden Fragen verbunden:
a) Wo können die Filme ausgeliehen werden?
b) Welche Inhalte werden im jeweiligen Film behandelt? (Vgl. dazu 6.2)
Dazu wird in diesem Kapitel ein Beitrag geleistet.
Wegen der technisch-organisatorischen Probleme sind als wichtigste Bezugsquellen für Filmmaterialien zu nennen:

1. F W U:
   Kreis- und Stadtbildstellen,
   auch Landesbildstellen

2. IG Metall
   zuständige Verwaltungsstelle

3. Landeszentrale für politische Bildung NRW
   Neanderstraße 6, 4000 Düsseldorf

4. Landesfilmdienst NRW
   Schirmerstraße 80, 4000 Düsseldorf, und
   Zweigfilmothek Rheinallee 59, 5300 Bonn

5. Kölner Film- und Video-Gruppe
   Stammheimer Straße 127, 5000 Köln 60

6. Unidoc
   Dantestraße 29, Postfach 45, 8000 München 19

Die Filmverleihstellen Landeszentrale für politische Bildung des Landes NRW und Landesfilmdienst sind nur für Lehrer in NRW zugänglich.
Die Gewerkschaften verfügen auch über ein begrenztes Angebot von Filmen zum Thema Mitbestimmung. Man wendet sich dabei am besten an die IG Metall Verwaltungsstellen, die bereit sind, die genannten Filme für den Schulgebrauch zu besorgen. Die Ausleihfrist beträgt in der Regel eine Woche. Rechtzeitige Bestellung ist notwendig (ca. 6 Wochen vor Filmeinsatz).
Wenn diese Vorbereitungszeit gegeben ist, sind folgende Arbeitsweisen mit Filmen möglich:
– Bestimmte wichtige Stellen sollten ein zweites Mal gezeigt werden (dies ist schnell möglich bei Video-Filmen: Zählwerk notieren; bei 16-mm-Filmen ist dies schwieriger).
– Der Ton sollte bei bestimmten Filmpassagen abgestellt werden. Dies ist besonders dann ratsam, wenn der Filmkommentar die Auswertung schon vorwegnimmt oder der Filmkommentar vom Bild ablenkt bzw. zu viel Inhalt transportiert.

- Bei der Bearbeitung der Filme sollten Abschnitte ausgewählt werden. Deshalb ist es ratsam, sich die Filme vorher anzusehen oder gute Filmbegleithefte bzw. -karten heranzuziehen.
- Bestimmte Filme sollten nicht in ihrer vollen Länge gezeigt werden. Die Schüler sollen im gelenkten Unterrichtsgespräch alternative Lösungsmöglichkeiten aufzeigen, eventuell im Rollenspiel.
- Die Gliederung des Filmes sollte auf Overhead-Folie geschrieben werden, dann kann während der Filmvorführung darauf verwiesen werden.

Weitere Informationen bietet der Beitrag des Arbeitskreises Schule-Gewerkschaft Köln: »Ausgewählte Filme für Schule und (gewerkschaftliche) Bildungsarbeit« (enthält Filmbeschreibungen, Verleihadressen, Hinweise zu Einsatzmöglichkeiten – vgl. Kapitel 5)

Diese Strukturierungshilfe für den Einsatz von Filmen ist nicht verpflichtend. Sie hat sich jedoch im Unterricht bewährt und wird deshalb bei den Unterrichtsvorschlägen zu den Filmen F 1 bis F 5 zugrunde gelegt.

Es ist bewußt darauf verzichtet worden, genaue Zeitangaben zu machen, da Lehrer und Schüler den zeitlichen Rahmen abstecken müssen. Sie müssen beurteilen, wieviel Zeit zur Auswertung eines Filmes benötigt wird.

Es ist davon auszugehen, daß es wenig sinnvoll erscheint, weniger als drei bis vier Stunden für das Ansehen und Auswerten eines Filmes anzusetzen.

Schema: Strukturierungshilfe für den Einsatz von Filmen

Unterrichtsabschnitt	Bearbeitungsmöglichkeiten und Erläuterungen
Einstiegsphase (1. und 2.)	
1. Einstieg und Problematisierung	Lehrer erläutert im Film vorkommende Personen – Thema und Problematik des Films sowie Bezug zur laufenden Unterrichtseinheit – erläutert Gliederung – macht Angaben zur Länge und Entstehungszeit des Films – gibt Arbeitsaufträge
evtl.: Klärung und Erläuterung von zum Verständnis des Filmes notwendigen Sachfragen	(evtl. arbeitsteilige Aufgaben)
2. Ansehen des Filmes	Eventuell in Abschnitten (in diesem Fall entsprechend verändertes Vorgehen gegenüber dem Schema)

Unterrichtsabschnitt	Bearbeitungsmöglichkeiten und Erläuterungen
Auswertungsphase (3. bis 5.)	
3. Spontanphase	Schüler äußern sich spontan zum Film (eventuell Impuls durch Lehrer, z. B. Rückgriff auf gegebene Beobachtungsaufgaben)
4. Klären von Sachfragen und Fragen zum Verständnis	Was habt ihr nicht verstanden? Was müssen wir klären? Eventuell gezielte Rückfragen des Lehrers, um herauszufinden, ob wirklich das Wesentliche verstanden ist. Oder: Zusatzinformationen an dieser Stelle, weil das vorher verwirrt hätte.
5. Analyse (Herausarbeiten der Interessen)	Die gegensätzlichen Interessen bzw. der Konflikt werden herausgearbeitet. Lehrerfrage: Worum geht es?
Weiterführungsphase (6. bis 8.)	
6. Vertiefung	Je nach Zeit und Vorkenntnissen: Informationsphase (evtl. in Gruppenarbeit, d. h. unter Umständen muß der Lehrer Material bereitstellen)
7. Anwendung (Verallgemeinerung) evtl.	Diskussion alternativer Lösungsmöglichkeiten (z. B. Forderungen) Leitfrage: Was wird durch das Filmbeispiel deutlich?
8. Übertragung auf andere Situationen	Vergleich mit vorher Besprochenem und/oder neuen Situationen bzw. Problemen Dies ist nicht immer möglich (Zeit, Anforderungsniveau, Informationsstand u. a.)

6.2 Übersicht

Film-Nr.	Titel, Jahr, Spieldauer	Verleih und Filmnummer	Inhaltliche Schwerpunkte
F 1	Ich bin Jugendvertreter, 1979, 21 Min.	FWU, Nr. 32 30 66	– Beispiel für wirksame Jugendvertreterarbeit – Zusammenarbeit Jugendvertretung – Betriebsrat – Belastungen durch Jugendvertreterarbeit – Aufgaben, Praxis und Erfolge einer wirksamen Betriebsrats- und Jugendvertreterarbeit (am Beispiel einer Betriebsversammlung)
F 2	Stillegung einer Teilproduktion, 1971, 20 Min.	FWU, Nr. 32 23 10	– Beispiel für unzureichende Mitbestimmungsmöglichkeiten im Betrieb (Stillegung einer Teilproduktion) – Schwierigkeiten, eine Solidarisierung mit von der Kündigung betroffenen Arbeitnehmern zu erreichen – Kritik am Betriebsrat – Arbeitsbedingungen im Betrieb sowie Grundwiderspruch Kapital–Arbeit
F 3	Schon mal was von Hitchcock gehört?, 1977, 23 Min.	Landeszentrale für politische Bildung NRW, Nr. 32 74 72 oder Landesfilmdienst NRW	– Schwierigkeiten gewerkschaftlicher Jugendarbeit unter veränderten politischen Bedingungen (Jugendarbeitslosigkeit) – mangelndes Interesse an Mitbestimmung und Interessenvertretung von Jugendlichen – Widerstände und Schwierigkeiten für jugendliche Auszubildende, wenn sie als Jugendvertreter kandidieren wollen – Probleme mit dem Meister
F 4	Die Arbeit des Betriebsrats, 1976, 15 Min.	zuständige IG Metall-Verwaltungsstelle	– Positivbeispiel für funktionierende Betriebsrats- und Gewerkschaftsarbeit – hoher Organisationsgrad – Entschlossenheit, Solidarität und Hilfsbereitschaft von Belegschaft und Betriebsrat (spontane Arbeitsniederlegung der betroffenen Kollegen)

F 5	Zur Geschichte der Betriebsverfassung, 1977, 30 Min. Sek. II	zuständige IG Metall-Verwaltungsstelle	– Erfolge und Niederlagen der organisierten Arbeiterbewegung zum Thema Mitbestimmung/Interessenvertretung – Ursachen für Erfolge und Niederlagen
F 6	Europa im Vergleich: Arbeiter proben die Mitbestimmung, 1974, 44 Min. Sek. II	Landesfilmdienst NRW	Untersucht werden verschiedene Formen der Arbeitnehmervertretung in Betrieben, wobei deutlich wird, welche Resonanz die in der Bundesrepublik Deutschland praktizierte Form der Mitbestimmung in England, Frankreich und Italien findet. Äußerungen von Arbeitern, Unternehmern, Funktionären der Gewerkschaften und Politiker lassen erkennen, weshalb beispielsweise englische Befürworter der »Arbeiterkontrolle« oder italienische Arbeiterdelegierte der »Fabrik- und Zonenräte« an einer Übernahme des deutschen Mitbestimmungsmodells nicht interessiert sind. Angesprochen werden im einzelnen das Ahrensburger Modell der Mitbestimmung der Firma Behrens und ein ähnliches Modell in England, eine genossenschaftlich organisierte Glashütte bei Florenz, die keine Mitbestimmung, aber eine bewußte Arbeiterselbstverwaltung kennt, gewerkschaftliche Aktivitäten in italienischen Fabriken im Rahmen von »Zonenräten«, Arbeiterselbstverwaltung in Frankreich und Arbeiterkontrolle in England.
F 7	Betriebsrat R., 1969, 45 Min.	Landesfilmdienst NRW	Die Probleme der innerbetrieblichen Mitbestimmung werden am Alltag des Betriebsratsvorsitzenden eines großen Werkes aufgezeigt. Auch wenn 1969, d. h. zur Zeit des alten Betriebsverfassungsgesetzes, produziert, heute noch sehenswert. Schwierigkeiten bereitet evtl. für einige der süddeutsche Dialekt.

Film-Nr.	Titel, Jahr, Spieldauer	Verleih und Filmnummer	Inhaltliche Schwerpunkte
F 8	Die Interessenvertreter, 1. Teil: Die Einheit zerbricht 2. Teil: Falsche Fronten 3. Teil: 1981 geplant 1980, je Teil 60 Min. nur Sek. II	Kölner Film- und Video-Gruppe	Teil 1: Dokumentation der Betriebsratswahl 1978 in einem Kölner Metallbetrieb von der Vorbereitung bis zum Wahlergebnis. Die Vertrauensleute wollen neue, engagierte Kandidaten durchsetzen. Der alte Vorsitzende, seit 25 Jahren Gewerkschaftsmitglied, und seine Anhänger reagieren mit einer Spalterliste. Teil 2: Dokumentiert die Konsequenzen des Wahlergebnisses für Belegschaft, Vertrauensleute und Betriebsratsarbeit. Die neugewählte Interessenvertretung wird durch innere Auseinandersetzungen monatelang gelähmt. Die Gewerkschaftsmitglieder, die auf der Spalterliste kandidierten, werden aus der IG Metall ausgeschlossen. Sie versuchen ihrerseits, den Leiter des gewerkschaftlichen Vertrauenskörpers mit Hilfe des Arbeitsgerichts aus dem Betriebsrat auszuschließen, womit er seinen Kündigungsschutz verlieren würde. Teil 3: Es soll gezeigt werden, ob der Streit überwunden werden kann oder ob erst die nächste Betriebsratswahl (1981) wieder zu einer einheitlichen und wirksamen Interessenvertretung führt. (Sehr anspruchsvoll, erfordert ausführliche Vor- und besonders Nacharbeit.)
F 9	Schauplatz Arbeitsgericht Köln, 1979, Langfassung: 80 Min. Kurzfassung: 40 Min.	Kölner Film- und Video-Gruppe	Kolleginnen bei Emi Electrola Köln werden wegen angeblicher Bummelei und Zuspätkommens und Anstiftung zu betrieblichem Unfrieden gekündigt. Im Kündigungsschutzprozeß werden sie vom DGB-Rechtssekretär und von Betriebsräten unterstützt. Es kommt zum Vergleich, obwohl dem Weiterbeschäftigungsanspruch der Kolleginnen vor dem Gericht stattgegeben wird. Gutes Fallbeispiel zum Problemkreis Kündigung und der Möglichkeit betrieblicher und gewerkschaftlicher Interessenvertretung.

F 10	Zwischen Wohlstand und Klassenkampf: Zum Sein und Bewußtsein junger Arbeiter, 1967, 32 Min. nur Sek. II	FWU, Nr. 32 22 36	Sechs junge Arbeiter äußern sich über ihre Berufs- und Lebenssituation (Arbeitsbedingungen des Arbeiters, Gegensatz von Lohnarbeit und Kapital, Auswirkungen von Krisen, Mitbestimmung im Betrieb, politisches Bewußtsein des Arbeiters). Den Äußerungen der Arbeiter werden teilweise die Ansichten der Arbeitgeber gegenübergestellt.
F 11	»...nur ein Pausenraum«, 1970, 17 Min.	FWU, Nr. 32 33 15 und Landesfilmdienst NRW	Kurzspielfilm über einen Betriebsjugendsprecher, der sich darum bemüht, den Jugendlichen seines Betriebes zu dem ihnen laut Jugendarbeitsschutzgesetz zustehenden Pausenraum zu verhelfen. Dabei führt eine Konfrontation der Arbeiter mit den Jugendlichen zum Konflikt und zur »Störung der Ruhe im Betrieb«. Am Ende ist die Position des Betriebsjugendsprechers im Betrieb unsicher geworden und ein Arbeitsplatz für ihn nach der Gesellenprüfung fraglich.
F 12	Kalldorf gegen Mannesmann, 1975, 83 Min. Sek. II	Unidoc	Kampf gegen die vom DEMAG-Konzern beschlossene Stillegung des Betriebes.
F 13	Dann steht man da mit seiner Arbeitskraft, 1980, 45 Min. Sek. II	Kölner Film- und Video-Gruppe	Arbeitskampf der Belegschaft der Mannesmann-Röhren Hilden gegen die Stillegung des Betriebs.
F 14	Die Arbeit der Jugendvertretung, 1978, 15 Min.	zuständige IG Metall-Verwaltungsstelle	Der Film zeigt die Probleme fehlender Ausbildungspläne in einem Betrieb. Aufgezeigt wird, wie durch eine systematische Arbeit der Jugendvertretung und durch die Einbeziehung der Auszubildenden, des Betriebsrates und der Vertrauensleute sowie der Meister Ausbildungspläne erarbeitet und eingeführt werden.

Film-Nr.	Titel, Jahr, Spieldauer	Verleih und Filmnummer	Inhaltliche Schwerpunkte
F 15	Ich heiße Erwin und bin 17 Jahre, 1970, 70 Min. (Kurzfassung: Lehrjahre sind keine Herrenjahre, 49 Min.)	Kreis- und Stadtbildstellen, Landesfilmdienst NRW Nr. 32 23 04	Gezeigt wird der Alltag des Kraftfahrzeuglehrlings Erwin, daheim, bei der Arbeit in der Werkstatt, in der Diskothek bei den Freunden, in der Berufsschule, mit der Freundin, in der Kneipe und bei einer Demonstration gegen die »Ausbeutung der Lehrlinge«. In diesen Szenen werden Probleme und Konflikte im Verhältnis der Jugendlichen zu den Eltern, zu den Lehrherren und Gesellen und zu den Lehrern der Berufsschule sichtbar gemacht. Die Unzufriedenheit von Erwin hat ihre primären Ursachen in der seiner Meinung nach unzulänglichen Berufsausbildung sowie in den Verboten und Forderungen des Vaters. Gegen die Mängel in seiner Berufsausbildung protestiert Erwin im Betrieb, in Versammlungen und Demonstrationen. Dem Druck des Vaters versucht er sich mit Hilfe der Mutter zu entziehen.
F 16	Genießt, was euch beschieden ist, 1976, 45 Min.	Landeszentrale für politische Bildung, NRW Nr. 41 70 24 (Videoband)	Die von dem Chemiker H. Mehner vor etwa 100 Jahren beschriebenen Verhältnisse und Lebensbedingungen Leipziger Chemiearbeiter werden im Film der sozialen Situation einer Arbeiterfamilie unserer Tage gegenübergestellt. Bilder und Aussagen der Gegenwart sind mit Fotos und Texten des 19. Jahrhunderts konfrontiert.
F 17	Arbeit in der Fabrik, 15. Teil der Reihe: Das 19. Jahrhundert, 1976, 30 Min.	FWU Landeszentrale für politische Bildung Nr. 32 71 03 Landesfilmdienst NRW	Herkunft der Fabrikarbeiter, Frauen- und Kinderarbeit, Arbeitsteilung, Entfremdung, Disziplinierungsmaßnahmen der Unternehmer, Löhne, Arbeitszeit, Arbeitsplatzverhältnisse.
F 18	Arbeiterleben, 16. Teil der Reihe: Das 19. Jahrhundert, 1976, 30 Min.	FWU Landeszentrale für politische Bildung Nr. 32 71 04 Landesfilmdienst NRW	Ernährung, Einkommen, Wohnungsverhältnisse, Freizeit.

Dia-Serien

Dia-Serie	Der eigene Feiertag – Die Geschichte des 1. Mai, 1981, 27 Min. 124 Dias	zuständige IG Metall-Verwaltungsstelle	In der Dia-Serie wird die Geschichte des 1. Mai von ihren Anfängen bis heute in Bildern und Dokumenten dargestellt, zum Teil mit Originalinterviews. Die Hauptetappen sind Entstehung des 1. Mai, der 1. Mai vor dem 1. Weltkrieg, in der Weimarer Republik, während des Faschismus und in der Bundesrepublik.
Dia-Serie	Geschichte der Mitbestimmung, 35 Min. 77 Dias	zuständige IG Metall-Verwaltungsstelle	Die Dia-Serie zeigt den Kampf um die Mitbestimmung vom Beginn der Industrialisierung bis 1963.

6.3 Filme als Leitmedien

Zu folgenden Filmen werden jeweils
- Gliederungen,
- Unterrichtsvorschläge sowie
- Verweise auf die Unterrichtseinheiten 1 bis 4 gegeben, in deren Rahmen die Filme eingesetzt werden können:

F 1 »Ich bin Jugendvertreter«
F 2 »Stillegung einer Teilproduktion«
F 3 »Schon mal was von Hitchcock gehört?«
F 4 »Die Arbeit des Betriebsrats«
F 5 »Zur Geschichte der Betriebsverfassung«

Diese Filme sind alle im Unterricht eingesetzt worden, zum Teil in verschiedenen Jahrgangsstufen. Die Inhaltsangaben entsprechen den Abfolgen der einzelnen Filmabschnitte. Dies erleichtert dem Lehrer erfahrungsgemäß die Vorbereitung.

6.3.1 Film F 1: Ich bin Jugendvertreter

Inhaltsangabe (vgl. dazu die FWU Filmbegleitkarte)
1. Die Jugendvertreter stellen sich vor:
   - Peter, 19 Jahre alt, im 3. Lehrjahr, Energieanlagen-Elektroniker, Gewerkschaftsmitglied wie alle Auszubildenden,
   - Uwe arbeitet an der Schleifmaschine, wird zum Schlosser ausgebildet.

   Zur Zeit sind 70 Auszubildende in der Lehrwerkstatt, 10 im Büro einer metallverarbeitenden Firma in Hannover.
2. Die neuen Auszubildenden werden im Betrieb herumgeführt.
   Sie erfahren, daß vor langer Zeit eine Massenentlassung im Betrieb stattgefunden hat. Man sieht auch noch, daß alte Maschinen stillgelegt sind und neue aufgebaut werden.
3. Zum Betrieb
   - Ein Vertreter der Geschäftsleitung zum Hintergrund der Massenentlassung in den fünfziger Jahren: »Die Verantwortung gegenüber unseren Eigentümern ließ uns keine andere Wahl übrig.«
   - Der Kommentar des Jugendvertreters Peter dazu: »Für uns sind die Arbeitsplätze wichtiger als wirtschaftliche Überlegungen.«
4. Der Betriebsrat Hans Joachim Kuck (BR-Vorsitzender) stellt sich vor.
   - In den fünfziger Jahren waren 2400 Arbeiter in der Firma, damals das modernste Walzwerk Europas,

- 15 Jahre später wurden 600 Arbeiter entlassen, ca. 600 andere schieden im Rahmen der »normalen Fluktuation« aus.

  Der Betriebsrat gibt zu, daß dies nicht verhindert werden konnte, weil die Einwirkungsmöglichkeiten im wirtschaftlichen Bereich unzureichend sind. Er verweist auf Mitbestimmungsrechte im sozialen Bereich und auf die Notwendigkeit der Mitbestimmung über bestehende Gesetze hinaus.

  Der Betriebsrat Kuck appelliert an die Auszubildenden und zukünftigen Gewerkschaftsmitglieder auf gute Zusammenarbeit.

5. Jugendvertreterarbeit konkret:
   - Peter berichtet von seiner Arbeit (»Bei meiner Jugendvertreter-Arbeit habe ich in der Regel keine Probleme beim Meister, wenn ich mal von meiner Arbeit weggehe.«)
   - Annelie, Industriekaufmann, ebenfalls Jugendvertreter.
   - Die drei Jugendvertreter bereiten die Jugendversammlung vor (Anschlag ans Brett, Werksleitung informieren).
   - Annelie berichtet von Problemen der Jugendvertretung: früher wurden Arbeitsmittel gestellt und das Kantinenessen bezuschußt.
   - Peter zur Jugendvertreter-Arbeit: eine große zeitliche und zum Teil persönliche Belastung, die Schule muß oft hinten anstehen.
   - Die Auszubildenden beim Kegeln nach Feierabend.
   - Am Beispiel von Horst, Schlosser, wird das Problem der Übernahme durch die Firma nach Ende der Ausbildung dargestellt.
   - Vorbereitung der Jugendversammlung, Absprache mit dem Betriebsrat.

6. Die Jugendversammlung

   Der IG Metall-Jugendsekretär Schwitzer stellt positiv die Betriebsvereinbarungen heraus, nach der jeder Auszubildende ein Jahr nach Ende der Ausbildung weiterbeschäftigt wird, allerdings entsprechend der Lage im Betrieb.

   Der Vertreter der Geschäftsleitung, gelernter Jurist, vertritt die Position des Unternehmens, indem er darauf hinweist, daß es nicht möglich sei, allen Übernommenen einen Arbeitsplatz nach ihrem Wunsch zu garantieren. »Sie wissen doch selbst, die Bundeswehr kommt auf sie alle zu.«

   Die Frage eines Auszubildenden zur sozialen Verantwortung des Unternehmens, d. h. zum Charakter der »Sozialen Marktwirtschaft«.

   Die Antwort des Vertreters der Geschäftsleitung:
   »Soziale Marktwirtschaft, dies ist ein unbestimmter Rechtsbegriff...«
   Antwort eines Jugendlichen: »Also ein Gummiparagraph.«

   Peter geht abschließend auf andere Probleme der Jugendvertreterarbeit ein: Bezahlung von Schulbüchern, gekürztes Weihnachtsgeld. Er ist stolz, auch diese vielen Kleinigkeiten geleistet zu haben, stolz darauf, zu denen zu gehören, die »etwas verändert haben«.

Im Film vorkommende Personen

- Ein Vertreter der Geschäftsleitung (metallverarbeitender Betrieb im Raum Hannover),
- der Betriebsratsvorsitzende Hans Joachim Kuck,
- die drei Jugendvertreter:
  - Peter, 19 Jahre, Energieanlagen-Elektroniker,
  - Horst Schlosser,
  - Annelie, Industriekaufmann,
- der Jugendsekretär der IG Metall Verwaltungsstelle Hannover, R. Schwitzer,
- die Eigentümer der Firma (treten im Film nicht persönlich auf, werden nur erwähnt),
- Auszubildende der Firma sowie andere Arbeiter der Firma.

Unterrichtsvorschlag für den Einsatz des Filmes
F 1: Ich bin Jugendvertreter

Unterrichtsabschnitt	Bearbeitungsmöglichkeiten und Erläuterungen
Einstiegsphase (1. und 2.)	
1. Einstieg und Problematisierung	Notwendige Vorkenntnisse: Jugendvertretung, Betriebsrat, Geschäftsleitung, Jugendversammlung. Der Lehrer erläutert Ort, Produktionsjahr und die im Film vorkommenden Personen. Arbeitsaufträge: 1.1 Was erfährt man über den Betrieb? 1.2 Was erfährt man über die Arbeit der drei Jugendvertreter? 1.3 Was sagt der Vertreter der Geschäftsleitung? 1.4 Was sagt der Betriebsratsvorsitzende Kuck? 1.5 Was sagt Horst, Schlosser in dieser Firma, über seine Arbeit?
2. Ansehen des Filmes	Mögliche Untergliederung: Filmteile 1 und 2; 3 und 4 (eventuell auch 1 bis 4 zusammen); 5; 6; d. h. Filmteile 5 und 6 sollten unter Umständen gesondert gezeigt werden.
Auswertungsphase (3. bis 5.)	
3. Spontanphase	Z. B. zur Arbeit der Jugendvertretung oder zur Entlassung in diesem Betrieb.
4. Klären von Sachfragen und Fragen zum Verständnis	Z. B. – Betriebsvereinbarung, – zur Bundeswehrzeit während der Ausbildung.

Unterrichtsabschnitt	Bearbeitungsmöglichkeiten und Erläuterungen
5. Analyse (Herausarbeiten der Interessen)	Zur wirtschaftlichen Situation und Entlassung von Arbeitnehmern:

Geschäftsleitung	Jugendvertretung
»Die Verantwortung gegenüber unseren Eigentümern ließ uns keine andere Wahl.« Interesse an optimalem Einsatz der Arbeitnehmer (d. h. ohne Unterbrechung durch Bundeswehrzeit).	»Für uns sind die Arbeitsplätze wichtiger als wirtschaftliche Überlegungen.« Interesse an garantiertem Arbeitsplatz (auch wenn man zwischendurch zur Bundeswehr eingezogen wird).

Weiterführungsphase (6. bis 8.)

6. Vertiefung	Möglichkeiten 6.1 Warum Arbeiter entlassen werden? (Problem der Massenentlassung – vgl. Filmteile 3 u. 4) 6.2 Abgestufte Einwirkungsmöglichkeiten; Rechte des Betriebsrats (vgl. Filmteil 4). 6.3 Verhältnis Jugendvertretung – Betriebsrat; Jugendversammlung (vgl. Filmteil 6). 6.4 Betriebsvereinbarung (spielt eine Rolle bei Filmteil 6: ein halbes Jahr nach Ende der Ausbildung grantierter Arbeitsplatz im Betrieb, allerdings nicht für einen Arbeitsplatz, für den ausgebildet wurde). 6.5 Ausbildung: evtl. Stufenausbildung, qualifizierte Ausbildung. 6.6 Facharbeit (qualifizierte Arbeit) – ungelernte Arbeit (am Beispiel von Horst – vgl. die Äußerungen von Horst).
7. Anwendung (Verallgemeinerung)	7.1 Was müßte getan werden, damit Horst z. B. in seinem Betrieb Schlosser bleiben kann? 7.2 Was müßte getan werden, damit z. B. nicht so viele Arbeiter wie in dieser Firma ihren Arbeitsplatz verlieren (Bereich Arbeitsplatzgarantie und Mitbestimmung)? 7.3 Ist Peter zu Recht stolz auf seine Arbeit als Mitglied der Jugendvertretung oder übertreibt er mit seinem Stolz? (Bereich Jugendvertreterarbeit) Würdet Ihr auch als Jugendvertreter kandidieren?

6.3.2 Film F 2: Stillegung einer Teilproduktion

Inhaltsangabe (vgl. dazu die FWU Filmbegleitkarte)
1. Der Beschluß zur Stillegung.
   Die Begründung des Geschäftsführers und des Abteilungsleiters.
   Die Position des Betriebsrates.
2. Positionen zur Mitbestimmung.
3. Nach der Stillegung der Abteilung:
   Umsetzung der Arbeiter auf andere Arbeitsplätze.
4. Beispiele:
   Arbeiter 1,
   Arbeiter 2,
   Arbeiter 3.
5. Nach der vollzogenen Umsetzung:
   Wie weit geht die Mitbestimmung?

Hinweis:
Auch wenn der Film schon relativ alt ist (1971 produziert), so ist er nach wie vor sehenswert. Obwohl inzwischen das neue Betriebsverfassungsgesetz (1972) gilt, sind die Probleme und auch die rechtlichen Möglichkeiten der Interessenvertretung für diese Problemsituation geblieben.
Die »Stillegung einer Teilproduktion« beschließen die Eigentümer der Produktionsmittel. Die Interessenvertretung der Arbeitnehmer wird unterrichtet und kann – wie in diesem Beispiel – nur mitreden. Mitbestimmen kann die Interessenvertretung nur bei der Umsetzung der übriggebliebenen Kollegen auf andere Arbeitsplätze.

Im Film vorkommende Personen

– Leiter der Wirtschaftsabteilung,
– Direktor,
– zwei Betriebsratsmitglieder,
– drei von der Stillegung betroffene Arbeiter.

Unterrichtsvorschlag für den Einsatz des Filmes
F 2: Stillegung einer Teilproduktion

Unterrichtsabschnitt	Bearbeitungsmöglichkeiten und Erläuterungen
Einstiegsphase (1. und 2.)	
1. Einstieg und Problematisierung	Produktionsjahr 1971 (also noch während der Zeit des alten Betriebsverfassungsgesetzes).

Unterrichtsabschnitt	Bearbeitungsmöglichkeiten und Erläuterungen
	Fragen, die zum Filmanfang aufgeworfen werden: 1. Wie kam es zu der Entscheidung? 2. Wer traf die Entscheidung? 3. Wer wurde betroffen? Lehrerfrage: Wenn die Geschäftsleitung eines Betriebes Arbeiter entlassen will, welche Gründe werden von ihr für diese Maßnahmen angeführt? Darf die Geschäftsleitung Arbeiter entlassen? Was bedeutet das für die Arbeiter und ihre Familien?
2. Ansehen des Filmes	Eventuell Filmteil 1, Filmteil 2, Filmteile 3 und 4, Filmteil 5.
Auswertungsphase (3. bis 5.)	
3. Spontanphase	Evtl.: Der Film ist 1971 gedreht worden. Kann das, was im Film gezeigt wurde, heute auch noch geschehen?
4. Klären von Sachfragen und Fragen zum Verständnis	Z. B. Schülerantworten zu den drei Fragen von 1. Einstieg. Ferner: Wie verhält sich der Betriebsrat?
5. Analyse (Herausarbeiten der Interessen)	5.1 Unternehmer gegen Arbeitnehmer und Betriebsrat. 5.2 Betriebsratsmitglieder in der Zwickmühle. 5.3 Die Betroffenen.
Weiterführungsphase (6. bis 8.)	
6. Vertiefung	6.1 Zum Problem von Massenentlassungen. 6.2 Zum System abgestufter Mitbestimmung laut Betriebsverfassungsgesetz. 6.3 Zufriedenheit und Unzufriedenheit von abhängig Beschäftigten mit ihrer Arbeit.
7. Anwendung (Verallgemeinerung)	7.1 Was sollte der Betriebsrat tun? Hat er etwas falsch gemacht? 7.2 Welche Folgen hat die Umsetzung für die betroffenen abhängig Beschäftigten?

6.3.3 Film 3: Schon mal was von Hitchcock gehört?

Inhaltsangabe

1. Heinz, Auszubildender in einem metallverarbeitenden Betrieb, soll Plakate für eine gewerkschaftliche Jugendversammlung aufhängen.

2. Der Meister pflaumt ihn an: »Was machst du denn da? Du hast wohl nichts zu tun. Du bist doch in der Ausbildung. Du lernst nicht Jugendvertreter, sondern Maschinenschlosser. Ich hab' ja nichts dagegen. Es kann ja jeder machen, was er will und als Jugendvertreter kandidieren (Heinz kandidiert bei den anstehenden Jugendvertreterwahlen). Das ist ja ein Gesetz. Aber ob du das auch schaffen wirst bei deinen Leistungen... Noch bist du ja nicht gewählt.«
3. Die geplante Veranstaltung der IG Metall-Jugendgruppe in der Kneipe Tippelmann wird ein Reinfall. Inge, wie Heinz aktiv in der gewerkschaftlichen Jugendgruppe, bricht die Veranstaltung, auf der nur die fünf gewerkschaftlich organisierten Jugendlichen vertreten sind sowie der Kollege Kaminsky von der Ortsverwaltung, ab. Und Inge ist sich sehr wohl darüber im klaren, daß es wohl am Thema liegt (Thema war: »Die Betriebsjugendgruppenarbeit im Netze betrieblicher Organe«). Sie merkt selbst, daß ihre Floskeln (»gerade in diesen Tagen«, »... den Hebel ansetzen...«, »Netz betrieblicher Interessenvertretung«) nicht ankommen.

Erwin, der Wirt, ist sauer und motzt, weil der Saal reserviert war und nur fünf Leute kamen.
4. Die fünf Jugendlichen an der Theke sind ratlos. Was tun? Inge schlägt vor: »Wir müssen was finden, damit die merken, was los ist.«
5. Im Betrieb

   Eine neue Idee wird geboren. Einer der fünf Kollegen der Betriebsjugendgruppe der IG Metall kommt mit einer Kleinbildkamera in den Betrieb und fragt einen anderen Kollegen: »Schon mal was von Hitchcock gehört?«

   Der andere Kollege ist sehr verdutzt, aber genau wie andere neugierig geworden.

   Der Plan besteht darin: sie wollen einen Film drehen, der die Arbeitsbedingungen und die Ausbildungssituation mal von einer anderen Seite den Jugendlichen vermitteln soll.
6. Die Auszubildenden gehen in den Betrieb. Die Idee ist, den Meister zu filmen. Sie spielen die Situation: »Guten Morgen, die Herren, was ist denn hier los? Eine Versammlung? Keine Arbeit?« Dies sind wohl die ständigen Floskeln des Meisters. Der Meister sieht, daß die Jugendlichen ihn filmen und weist darauf hin, daß Filmen verboten ist.
7. Die Mitglieder der Betriebsjugendgruppe bemühen sich, den »Leitfaden für Auszubildende« zu verfilmen, werden aber dauernd von neugierigen Auszubildenden dabei gestört.

   Heinz hat Ärger mit der Mutter, weil die Eltern einen Brief bekommen, in dem die Firma ihre Bedenken mitteilt, weil er als Jugendvertreter kandidieren will.
8. Der fertige Film soll nun den Jugendlichen in der Kneipe Tippelmann gezeigt

werden. Die Jugendlichen bereiten die Veranstaltung vor und sind gespannt, wie viele jetzt kommen. Der Wirt ist sauer und möchte den Jugendlichen erklären, daß sie sich gefälligst auf eine andere Situation einzustellen haben. Er sagt: »Vielleicht ist das heute nicht mehr so wie früher. Ihr braucht ja eigentlich den Saal nicht mehr. Ich brauche eine Umsatzgarantie von 50,- DM. Ich würde das übrigens an eurer Stelle anders machen: Laßt die Politik raus. Das läuft nicht mehr. Ich mach euch einen Vorschlag: veranstaltet doch eine Disco alle 14 Tage, ihr sollt mal sehen, wie das funkt! Das kriegen wir hin. Eine Lichtorgel kann ich besorgen. Eine Theke für den Disc-Jockey habe ich auch.«

Die Jugendlichen kommen in Scharen. Der Wirt ist verwirrt und fragt: »Ihr habt denen Freibier versprochen!? Das könnt Ihr mir doch nicht antun. Ich bin allein.«

Erwin ruft nach Ilse, der Wirtin.

9. Der Film (Stummfilm) wird gezeigt und findet offensichtlich großes Interesse (man hört lautes Lachen im Saal).

Der Film zeigt das typische Verhalten des Meisters gegenüber den Auszubildenden. Außerdem wird der Meister in überspitzter Form von den Filmdarstellern nachgeahmt.

10. Heinz und Inge an der Theke. Heinz ist bedrückt. Seine Eltern haben einen Brief der Firma bekommen, in dem sie vor der Doppelbelastung (Jugendvertreterarbeit und Ausbildung) ihres Sohnes gewarnt werden. Er ist verbittert über diesen Einschüchterungsversuch der Firma. Er stellt resigniert fest: »Da ist wieder einer weniger. Keine Leiche, kein Mord, hat keiner was gesehen. Alles in Butter...«

Inge will Heinz ermutigen, aber das gelingt ihr zuerst nicht. Heinz über die Haltung der Auszubildenden, die sich gerade während des Films köstlich amüsieren: »Die fühlen sich als Stars...«

Inge hält dagegen: »Manche haben sich doch aufgerafft.«

Auch die Wirtin versucht, Heinz zu trösten, weiß aber nicht, worum es geht.

Inge überlegt und sagt dann: »Jetzt hört der Spaß auf!« Sie geht in den Filmsaal und will offensichtlich über die Situation von Heinz informieren und diskutieren.

11. Erwin kommt aufgeregt zu Ilse und sagt: »Sie macht die Stimmung kaputt. Stellt sich hin und erzählt denen was. Jetzt diskutieren die auch noch und stimmen ab.« Ilse dazu: »Wie die Roten...«

Heinz geht in den Filmsaal...

(Man erfährt nicht, was die Versammlung beschließt.)

Im Film vorkommende Personen

- Heinz, Auszubildender, kandidiert als Jugendvertreter bei den anstehenden Jugendvertreterwahlen,
- Inge und weitere Auszubildende, die gleichzeitig Jugendvertrauensleute der IG Metall sind,
- der Meister,
- Erwin und Ilse, Wirte der Kneipe Tippelmann,
- Auszubildende der Firma.

Zur Bewertung des Films:

Der Film kommt bei Jugendlichen sehr gut an (dies ist jedenfalls die eigene Unterrichtserfahrung).
Der Film ist ironisch, witzig, trifft den Jargon von Jugendlichen, bietet action. Schüler und Jugendliche können sich darin wiederfinden.

Unterrichtsvorschlag für den Einsatz des Filmes
F 3: Schon mal was von Hitchcock gehört?

Unterrichtsarbeit	Bearbeitungsmöglichkeiten und Erläuterungen
Einstiegsphase (1. und 2.)	
1. Einstieg und Problematisierung	Vorkenntnisse: Gewerkschaftsjugend, Jugendvertreter, Jugendvertreterwahl. Lehrer erläutert die im Film vorkommenden Personen. Motivation durch den Titel: »Schon mal was von Hitchcock gehört?« (erinnert an Hitchcock-Krimis). »In diesem Film seht ihr keine Leiche, keinen Mord, aber einer muß abtreten. Warum: das sagt euch dieser Film.« Arbeitsaufträge: Jugendliche, die in einem Metallbetrieb ausgebildet werden und Mitglieder der IG Metall sind, haben zu einem Abend eingeladen über betriebliche Interessenvertretungsarbeit. Der Abend wird ein Mißerfolg. Warum?

Unterrichtsarbeit	Bearbeitungsmöglichkeiten und Erläuterungen
2. Ansehen des Filmes	Eventuell Unterbrechung nach Filmteil 3: – Diskussion, warum keiner kommt. – Was sollen sie tun (Rollenspiel)?

Auswertungsphase (3. bis 5.)

3. Spontanphase	Z. B., was das Ende des Films angeht: Gibt Heinz auf? Überlegt, was die Jugendlichen nach dem Film diskutieren.
4. Klären von Sachfragen und Fragen zum Verständnis	Z. B.: Das Thema des geplatzten Abends mit dem Kollegen Kaminsky (»Betriebsjugendgruppe und Jugendvertrauensleutekörper: Wichtige Bestandteile im Netz betrieblicher Interessenvertretung«). – Wie kamen sie auf die Idee, einen Film zu drehen?
5. Analyse (Herausarbeiten der Interessen)	5.1 Warum kommen die Jugendlichen nicht? Was machen die Jugendfunktionäre falsch? Sollen sie dem Rat des Wirts folgen (Disco statt Politik)? Warum kommen die Jugendlichen zur zweiten Veranstaltung? 5.2 Kann Heinz Jugendvertreter und Auszubildender zugleich sein? Sein Konflikt mit dem Meister.

Weiterführungsphase (6. bis 8.)

6. Vertiefung	6.1 Zur Arbeit von Jugendvertretern (Unterschied betrieblicher und gewerkschaftlicher Interessenvertretung, d. h. Jugendvertreter bzw. jugendliche Vertrauensleute). 6.2 Wie sieht gewerkschaftliche Jugendarbeit (am Ort) aus? Erkundigungen von Schülern dazu. 6.3 Kündigungsschutz für Jugendvertreter (Heinz ist noch nicht Jugendvertreter – vgl. § 78a BetrVG).
7. Anwendung (Verallgemeinerung)	Was soll Heinz tun? Resigniert er? Gibt er dem Druck nach? Was würdest du tun? Wie könnte der Film weiter ablaufen? (Rollenspiel oder Diskussion)
8. Übertragung auf andere Situationen	Evtl. Film F 1, F 4, F 14.

6.3.4 Film 4: Die Arbeit des Betriebsrats

Inhaltsangabe
1. Der Betriebsrat macht seinen täglichen Rundgang durch die Abteilung. Er wird über unzumutbare Arbeitsbedingungen (Farbspritzarbeiten) informiert.
2. Routinemäßige Sitzung mit der Geschäftsleitung wegen der Einrichtung einer Spritzkabine.
3. Betriebsratssitzung zu den Themen: Einrichtung der Spritzkabine, Lärm in der Halle, Vorbereitung der Betriebsversammlung, Diskussion der Ausbildungspläne (dazu ist die Jugendvertretung eingeladen).
4. Der Betriebsrat zieht Sachverständige hinzu, die die Notwendigkeit der Spritzkabine prüfen sollen.
5. Die Betroffenen legen spontan die Arbeit nieder. Daraufhin erreicht der Betriebsratsvorsitzende einen Termin mit einem Vertreter der Geschäftsleitung, in dem die baldige Einrichtung der Spritzkabinen überprüft werden soll.

Im Film vorkommende Personen

– Arbeiter in einer Firma, in der Rolltreppen produziert werden,
– Vertrauensleute der IG Metall,
– Betriebsratsvorsitzender und weitere Mitglieder des Betriebsrats,
– Vertreter der Geschäftsleitung,
– Vertreter des Gewerbeaufsichtsamtes.

Unterrichtsvorschlag für den Einsatz des Filmes
F 4: Die Arbeit des Betriebsrats

Unterrichtsabschnitt	Bearbeitungsmöglichkeiten und Erläuterungen
Einstiegsphase (1. und 2.)	
1. Einstieg und Problematisierung	Vorkenntnisse: Betriebsrat, Geschäftsleitung, Vertrauensmann. Lehrer erläutert die im Film vorkommenden Personen. Situation: Arbeitsbedingungen. Arbeitsaufträge: 1. Welche Arbeitsbedingungen werden in dem Film beschrieben? 2. Welche Auswirkungen können die Arbeitsbedingungen möglicherweise auf die Arbeiter haben?

Unterrichtsabschnitt	Bearbeitungsmöglichkeiten und Erläuterungen
	3. Welche Forderungen werden vom Betriebsrat gestellt? 4. Welche Argumente vertritt die Unternehmensleitung? 5. Welche Möglichkeiten gibt es für die Interessenvertretung, die Forderungen durchzusetzen?
2. Ansehen des Filmes	Eventuell in Abschnitten: Filmteile 1 und 2, Filmteil 3, Filmteile 4 und 5.

Auswertungsphase (3.–5.)

3. Spontanphase	Z. B.: Dürfen die abhängig Beschäftigten die Arbeit niederlegen?
4. Klären von Sachfragen und Fragen zum Verständnis	Z. B.: Erläuterung zu den im Film gezeigten Arbeitsmöglichkeiten. Ferner: Schülerantworten zu Arbeitsauftrag 1 und 2.
5. Analyse (Herausarbeiten der Interessen)	Diskussion der Schülerantworten zu Arbeitsauftrag 3 und 4.

Weiterführungsphase (6.–8.)

6. Vertiefung	6.1 Spontane Arbeitsniederlegung und Friedenspflicht des Betriebsrates. 6.2 Forderungen zu »Humanisierung der Arbeit«. 6.3 Information zur Arbeit der gewerkschaftlichen Vertrauensleute. 6.4 Möglichkeiten und Grenzen der Arbeit von Betriebsräten. Woran liegt es, daß der Betriebsrat erfolgreich war?
7. Anwendung (Verallgemeinerung)	Rollenspiel: Die am Schluß des Films vereinbarte Verhandlung zwischen Betriebsrat und Geschäftsleitung soll von Schülern in einem Rollenspiel erarbeitet werden. Folgende Rollen: drei Mitglieder des Betriebsrats, ein Mitglied der Geschäftsleitung.
8. Übertragung auf andere Situationen	Vgl. mit anderen Fallbeispielen (je nach Kenntnissen der Schüler und vorher Erarbeitetem).

6.3.5 Film 5: Geschichte der Betriebsverfassung

Inhaltsangabe
1. Einleitung:
Fremdbestimmung durch Arbeit heute.
Beispiel anhand des Filmausschnittes des Filmes »Liebe Mutter, mir geht es gut«.
Auswertung des Filmausschnittes. (Direktionsrecht der Unternehmer, begrenzte Möglichkeiten von Interessenvertretung durch das BetrVG, kaum Mitbestimmung im überbetrieblichen, wirtschaftlichen Bereich.)
2. Mit dem »freien« Abschluß eines Arbeitsvertrages endet die Freiheit der Lohnabhängigen:
   – Zur Industrialisierung im 19. Jahrhundert.
   – Arbeitsbedingungen in Deutschland zur Zeit der Industrialisierung.
   – Zum kapitalistischen Rechtsverhältnis (Quelle: 1905: Zentralverband Deutscher Industrieller).
3. Der Streik. Die gemeinsame Arbeitsverweigerung als Mittel zur Verbesserung der Arbeitsbedingungen:
   – 1889 Rheinisch-westfälischer Bergarbeiter-Streik.
   – Das neue Selbstbewußtsein der Arbeiter.
4. Die Gewerkschaften als Organisatoren des Kampfes der Arbeiter um Mitbestimmung beim Verkauf ihrer Arbeitskraft:
   – 1848 erste gewerkschaftliche Interessenverbände auf lokaler, und ab 1848 auch auf nationaler Ebene.
   – Arbeiterbildungsvereine.
   – 1878 bis 1890 Sozialistengesetz.
   – Die zunehmende Stärke der Gewerkschaften.
   – 1916 das Hilfsdienstgesetz. Erste offizielle Anerkennung der Gewerkschaften als Interessenvertretung der Arbeitenden.
5. Die Gesetze sind Ausdruck des jeweiligen Kräfteverhältnisses zwischen den Arbeitenden und den Besitzenden:
Das Betriebsrätegesetz von 1920.
Der Rätegedanke der Revolution wurde in sein Gegenteil verkehrt.
6. 1933 bis 1945: Der NS-Staat zerstört jede Mitbestimmung der Arbeiter.
7. Das Betriebsverfassungsgesetz 1952.
   – 1951 Das Montanmitbestimmungsgesetz.
8. Das Kräfteverhältnis zwischen den Klassen ist veränderbar! (zur Auswertung des Films)
9. Statement von Willi Bleicher.

Zur Bewertung des Films:

Der Film bietet einen guten Überblick zur Geschichte der Betriebsverfassung. Er kann auch sehr gut im Rahmen von Grund- oder Leistungskursen Geschichte/Sozialwissenschaften eingesetzt werden, setzt aber Vorkenntnisse im geschichtlichen Bereich voraus.
Der Film macht deutlich, daß den abhängig Beschäftigten nichts geschenkt wurde, daß die Geschichte der Betriebsverfassung eine Geschichte von Kämpfen ist. Es wird aber auch nicht verschwiegen, daß weitreichende Ziele wie Selbstverwaltung, Rätedemokratie und Sozialisierung in der deutschen Geschichte nicht verwirklicht werden konnten. Die Niederlagen von 1920 und 1951/52 werden als Sieg der Restauration dargestellt, wobei auch die geschichtlichen Bedingungen der Kämpfe als Ursachen von Erfolgen und Niederlagen behandelt werden.

Unterrichtsvorschlag für den Einsatz des Filmes
F 5: Zur Geschichte der Betriebsverfassung

Unterrichtsabschnitt	Bearbeitungsmöglichkeiten und Erläuterungen
Einstiegsphase (1. und 2.)	
1. Einstieg und Problematisierung	Hinweis auf den im Film gezeigten Zeitraum: Mitte des 19. Jahrhunderts bis 1952. Die im Film gezeigten Zwischenüberschriften dienen der besseren Orientierung. Zum Inhalt: Der Weg der organisierten Arbeiterbewegung von totaler Rechtlosigkeit über ihre Anerkennung 1918 und Gewährung geringer Beteiligungsrechte bis zur institutionalisierten, d. h. gesetzlich geregelten und abgesicherten abgestuften Mitbestimmung seit 1951/52. Arbeitsaufträge: Erfolge und Niederlagen notieren.
2. Ansehen des Filmes	Mögliche Abschnitte: Filmteile 1–4 (Mitte 19. Jahrhundert bis 1916), Filmteil 5 (1917, 1920, d. h. Weimarer Republik), Filmteil 6 (1933–1945, d. h. Faschismus), Filmteil 7 (1951/52, d. h. Montanmitbestimmung und Betriebsverfassungsgesetz), Filmteile 8+9 Resümee.
Auswertungsphase (3.–5.)	
3. Spontanphase	Z. B. zur interessengebundenen Geschichtsbetrachtung.

Unterrichtsabschnitt	Bearbeitungsmöglichkeiten und Erläuterungen
4. Klären von Sachfragen und Fragen zum Verständnis	Erläuterungen der Zeitabschnitte (historische Phasen): – bis 1917, – 1917–1933, – 1933–1945, – 1945 bis heute, besonders 1951/52.
5. Analyse (Herausarbeiten der Interessen)	Die historischen Etappen: – Direktionsrecht (absolute Alleinverfügung der Unternehmer), – Anerkennung der Gewerkschaften ab 1918, – gesetzliche Regelungen 1920, 1951, 1952.

Weiterführungsphase (6.–8.)

6. Vertiefung

Eventuell arbeitsteilig (Gruppenarbeit, Referate usw.):
6.1 Zeit bis 1916: Der Kampf bis zur rechtlichen Anerkennung der Gewerkschaften.
6.2 1916/18–1933: erste Rechte; Revolution in Deutschland und was davon übrigblieb: Betriebsrätegesetz, Konzept der »Wirtschaftsdemokratie«.
6.3 1933–1945: Faschismus: Verfolgung und Verbot der Gewerkschaften und jeglicher Mitbestimmung.
6.4 1945–1952: Der Kampf um die Sozialisierung und wie sie verhindert wurde.
6.5 1949–1952: Montanmitbestimmung statt Sozialisierung und eingeschränkte betriebliche Mitbestimmung (Betriebsverfassungsgesetz).
6.6 1952 – heute:
- 1956: Wie die Unternehmer die paritätische Mitbestimmung aushöhlen wollten.
- 1963: Das DGB-Programm zur Mitbestimmung: Abschied von alten Zielen?
- 1972: Das neue Betriebsverfassungsgesetz: bescheidene Ausweitung betrieblicher Mitbestimmung.
- 1976: Kampf um mehr Mitbestimmung und was dabei herauskam.
- 1979: Unternehmer gegen Mitbestimmung: Karlsruhe und die Folgen.
- 1980: Wie die Unternehmer die Montanmitbestimmung beerdigen wollen.

Diese sehr differenzierte und differenzierende Aufarbeitung des sozialgeschichtlichen Aspekts von Mitbestimmung stellt hohe Anforderungen an Lehrer und Schüler.

Unterrichtsabschnitt	Bearbeitungsmöglichkeiten und Erläuterungen
	Es ist außerordentlich schwierig, den historischen Weg (Ziele, Forderungen, Möglichkeiten, Erfolge, Niederlagen, Bewertungen) so nachzuzeichnen und nachzuvollziehen, ohne in ein gradliniges, bequemes und eingängiges Geschichtsbild zu verfallen.

7. Didaktisch-methodische Überlegungen

7.1 Einschätzungen von Schülern und Lehrern zum Thema Mitbestimmung

Es ist davon auszugehen, daß die Einstellungen, Kenntnisse sowie das Interesse der Schüler zum Thema Mitbestimmung und Interessenvertretung sehr unterschiedlich sind. Dabei sind Sozialisationsergebnisse des Elternhauses ebenso zu berücksichtigen wie der Erfahrungsraum Schule für die Schüler selbst. Interessenvertretungstätigkeit von Eltern, die vielleicht gewerkschaftliche Vertrauensleute oder Betriebsratsmitglieder sind, ist ebenso eine Ebene, auf der Schüler mit Fragen der Interessenvertretung der abhängig Beschäftigten konfrontiert werden, wie eine eher auf die Zukunft gerichtete Perspektive, die in einer Frage wie »Was erwartet mich im Betrieb?« kumuliert. Ebenso sicher werden Einschätzungen von Mitbestimmungsmöglichkeiten bzw. zur Notwendigkeit von Mitbestimmung durch den tagtäglichen Erfahrungsraum Schule beeinflußt. Schüler, die Lernen als eine überwiegend fremdbestimmte Auseinandersetzung mit vorgegebenen »Lernstoffeinheiten« erfahren, das Einbringen von eigenen Interessen an Lernarbeit nicht haben praktizieren können, werden zu einer anderen Einstellung zum Thema Mitbestimmung kommen als jene, die bereits in der Schule gelernt haben, ihre Interessen am Unterricht zu artikulieren bzw. die ihre Lerninteressen im Unterricht wiedergefunden haben[1].

Der vierte Jugendbericht der Bundesregierung enthält Untersuchungsergebnisse über die Einstellungen von Schülern und Lehrern zum Thema »Mitbestimmung und Interessenvertretung«. Ausgangspunkt waren Fragen an Lehrer (insbesondere an berufsbildenden Schulen) und Auszubildende. In diesen Fragen sollte festgestellt werden, inwiefern die Schule als Sozialisationseinrichtung Schüler befähigt, sich mit der Gesellschaft kritisch auseinanderzusetzen, ihre Interessen innerhalb dieser Gesellschaft zu bestimmen und aktiv an der Gestaltung, nötigenfalls deren Veränderung, teilzunehmen.

Die befragten Gruppen, überwiegend Auszubildende bzw. junge abhängig Beschäftigte, kamen aus den Sektoren Industrie, Handwerk, Handel und Verwal-

---

1 Zur Organisation eines derartigen auf Partizipation des Schülers ausgerichteten Unterrichts vergleiche: Lambrou, Angela / Schaeffer-Schweitzer, Barbara: Politische Bildung als Unterrichtsprinzip, Frankfurt/Main 1973.

tung. Die Herkunftsbetriebe wurden nach Betriebsgrößen ausgesucht. Dabei wurde deutlich, daß insbesondere die Gruppe der Befragten aus Großbetrieben (hier handelt es sich insbesondere um Industriekaufleute, Betriebsschlosser und Elektromechaniker) überdurchschnittlich gute Werte, bezogen auf die drei Fragestellungen, bekam.
Diese Gruppe fiel insbesondere dadurch auf, daß sie gute Kenntnisse im Bereich des Arbeitsrechts besaß, Konfliktsituationen kritisch reflektieren und hypothetische Konfliktbewältigungsstrategien entwickeln konnte. Die Untersuchung führt dieses überaus positive Ergebnis auf drei Faktoren zurück:
– Die Befragten hatten überwiegend weiterführende Schulen besucht.
– Die Ausbildung in den Großbetrieben war fachlich stark differenziert und bezogen auf die Lernarbeit sehr intensiv.
– Die Befragten hatten Konflikte im Betrieb erlebt und waren in die Konfliktlösung einbezogen. Die Betriebe waren überdurchschnittlich gut gewerkschaftlich organisiert. Ein starker Betriebsrat vertrat die Interessen der dort arbeitenden abhängig Beschäftigten.
Sicher ist das Zusammenwirken aller drei Faktoren für die Einschätzung dieses positiven Ergebnisses wichtig. Allerdings dürfen die Vorkenntnisse, die Schüler in der Schule über die Arbeitswelt erworben haben, hier nicht überschätzt werden. Gegenüber diesem positiven Ergebnis fielen Befragungen in Kleinbetrieben (insbesondere Handwerk) deutlich ab; wenngleich man berücksichtigen muß, daß die Bereitschaft, Konflikte zu lösen, auch in Bereichen stark patriarchalisch strukturierter Betriebe durchaus bei den jungen abhängig Beschäftigten vorhanden ist.
Interessant sind in diesem Zusammenhang entsprechende Untersuchungsergebnisse über die Einstellungen von Lehrern an berufsbildenden Schulen. Die befragten Lehrer bejahten überwiegend die Notwendigkeit, daß Schüler Kenntnisse über ihre betrieblichen und beruflichen Rechte und Pflichten erhalten müßten. Allerdings wird an dieser Stelle eine Begrenzung des beruflichen Aufgabenverständnisses des Lehrers deutlich. Die überwiegende Anzahl der Befragten nimmt nämlich die Unterstützung dieses Erziehungsauftrages zurück, wenn ihnen aufgegeben wird, nicht nur über berufliche und betriebliche Rechte zu informieren, sondern auch die Einbeziehung von Strategien zu deren Umsetzung zu vermitteln. Gerade aber dies Zusammenwirken von Kenntnissen und Entwicklung strategischer Fantasien zur Durchsetzung ihrer Interessen brauchen junge abhängig Beschäftigte im Betrieb, wenn sie ihre Interessen durchsetzen wollen.
Diese Einstellung der Lehrer, die sich überwiegend als Informationsgeber begreifen, aber nicht als Helfer bei Umsetzungsstrategien, korrespondiert mit einem weiteren Punkt dieser Befragung. Ein Viertel der Befragten bejahte die Notwendigkeit rationaler Konfliktaustragung im Betrieb. Diese Konfliktaustragung wurde aber von den meisten als partnerschaftliches Streiten um das beste Ergebnis

verstanden. Dementsprechend stark sind auch die Vorbehalte bei jenem Viertel gegenüber Kampfformen der abhängig Beschäftigten, wie z. B. dem Streik.
Wenn die gleiche befragte Gruppe die Mitbestimmung als ein positives Muster zur Konfliktaustragung bejaht, gleichzeitig aber partnerschaftliche Konfliktlösung als Norm erhebt, so ist die Studie sicherlich nicht überinterpretiert, wenn man davon ausgeht, daß diese Lehrer Mitbestimmung den Schülern als eine Form partnerschaftlicher Auseinandersetzung präsentieren[2].
Unter diesen Gesichtspunkten empfiehlt es sich daher, Unterrichtseinheiten zum Thema Mitbestimmung und Interessenvertretung nicht auf die reine Information über Interessenvertretungsorgane, Rechtskunde bzw. Mitbestimmungsmodelle zu reduzieren. So wichtig jene Informationen sind, so werden sie nur dann fruchtbar im Unterricht einzubringen sein, wenn sie als Instrumente zur Bewältigung von betrieblichen Konflikten dargestellt werden. Dies heißt aber, daß der Lehrer bereit sein muß, den Aspekt der Handhabung dieser Instrumente in Form von Durchsetzungsstrategien und Interessenwahrnehmung im Unterricht mitzubehandeln.
Es empfiehlt sich daher, bei der Behandlung des Themas vom Prinzip der Schülernähe auszugehen. D. h. konkret: es ist z. B. nicht empfehlenswert, im Rahmen einer Unterrichtseinheit Mitbestimmung im achten Jahrgang sehr ausführlich auf das Thema überbetriebliche Mitbestimmung oder gesamtgesellschaftliche Mitbestimmung einzugehen. Vielmehr würde in einem achten Jahrgang davon auszugehen sein, daß die Schüler in ihrem direkten Erfahrungsbereich Schule ihre Vorstellung von Mitbestimmung artikulieren (vgl. **M 34**). Dieser Ansatz kann dann für die Fragen der Interessenwahrnehmung als Auszubildender oder abhängig Beschäftigter im Betrieb ausgeweitet werden. Das zentrale Thema Mitbestimmung wird sehr wahrscheinlich nicht auf die Behandlung in z. B. 4 bis 6 Stunden eines Jahrganges beschränkt bleiben können. Vielmehr wird es die Regel sein, daß Schüler in unterschiedlichen Unterrichtseinheiten mit dem Thema Mitbestimmung zu tun haben, so daß es für den Lehrer wichtig ist, im Unterricht schon Behandeltes spiralförmig aufzugreifen und fortzusetzen.

---

2 Weitere Untersuchungen über Lehrerbewußtsein:
Hopf, Lehrerbewußtsein im Wandel. Eine empirische Untersuchung über politische und gesellschaftliche Einstellungen bei Jung-Lehrern. Düsseldorf 1974.
Lehmann, Arbeitswelt und Lehrerbewußtsein. Einstellungen von Grund- und Hauptschullehrern zu sozio-ökonomischen Formationen in der BRD. Neuwied und Berlin 1974.
Zeiher, Gymnasiallehrer und Reformen. Eine empirische Untersuchung über Einstellungen zu Schule und Unterricht. Stuttgart 1973.

7.2 Didaktischer Ansatz zum Konzept eines »offenen Unterrichts«

In der Didaktik der politischen Bildung ist seit längerem eine Abkehr von rein lernzielorientierten Didaktiken festzustellen. Nicht zuletzt haben Autoren wie Schmiederer und Janssen ein solches Konzept lerntheoretisch begründet und unterrichtspraktisch beschrieben[3]. Wir lehnen uns an dieses Konzept an.

D. h., der Lehrer erhält von uns keine genau detaillierten, bis ins kleinste durchstrukturierte Unterrichtseinheiten, sondern vielmehr alternative Tips, Hinweise auf Materialien, schließlich aber auch einige Vorschläge für Unterrichtseinheiten.

Jeder Lehrer weiß, daß die unterrichtlichen Bedingungen derart verschieden sind, daß es unsinnig wäre anzunehmen, Unterrichtseinheiten könnten als »geschlossener Block« im konkreten Unterricht umgesetzt werden.

Nun werden ja nach wie vor Unterrichtsvorschläge mehr oder weniger konkret ausgearbeitet und verbreitet. Noch vor Jahren stand programmierter Unterricht als eine angeblich effektive Unterrichtsform hoch im Kurs (total geschlossene Konzeption von Unterricht). Bei diesem Konzept von geschlossenem Unterricht sind Abweichungen nicht vorgesehen. Diese Konzeption wäre dem Gegenstand »Mitbestimmung und Interessenvertretung« unangemessen.

Für den Lehrer ergibt sich das Problem, aus der Fülle der Aspekte und Inhalte des umfassenden Themas Mitbestimmung für seinen konkreten Unterricht auszuwählen. Didaktische Reduktion heißt für den Lehrer, aufgrund der Analyse seiner unterrichtlichen Bedingungen eine Eingrenzung des Themas vorzunehmen.

In der Alltagspraxis heißt das in der Regel für den Lehrer, daß er die Inhalte, die er in Schulbüchern findet, mehr oder weniger verändert übernimmt. Für die Verfasser von Unterrichtsmaterial sieht das entsprechend etwas anders aus. Unterrichtsvorschläge als Ergebnis einer didaktischen Reduktion sind aus
– einer umfassenden Sachanalyse,
– eigener Literatur (Berücksichtigung der Ergebnisse der Wissenschaften),
– der Analyse von Richtlinien, Schulbüchern, Unterrichtseinheiten,
– der aktuellen politischen Situation und Diskussion
gewonnen.

Folgende Themenschwerpunkte sollten bei der didaktischen Reduktion berücksichtigt werden:
- Geschichte der Mitbestimmung,

---

3 Vgl. hierzu Schmiederer, R.: Politische Bildung im Interesse der Schüler, Köln 1977.
  Zur unterrichtspraktischen Umsetzung: Janssen, B. u. a., Erfahrung – Ermutigung – Kritik, Heft 32 der Reihe: Modelle für den politischen und sozialwissenschaftlichen Unterricht, Neue Folge, Köln 1977.

- gesetzliche Grundlagen der Mitbestimmung,
- Ebenen der Mitbestimmung und Durchsetzungsmöglichkeiten der Interessenvertretung,
- gewerkschaftliche Interessenvertretung im Betrieb.

Es versteht sich von selbst, daß diese vier Themenschwerpunkte weder in dieser Reihenfolge, noch mit dem Anspruch auf Vollständigkeit im Unterricht bearbeitet werden müssen. Wir gehen davon aus, daß die unterrichtlichen Bedingungen derart verschieden sind, daß es uns nicht ratsam erschien, den Lehrer mit allzu festen Vorgaben einzuengen.

7.3 Methodische Möglichkeiten

Es ist hier nicht der Platz, Grundlegendes zu methodischen Möglichkeiten auszubreiten. Es soll hier nur auf die verschiedenen Möglichkeiten kurz hingewiesen werden. Oft wird vor Alternativen zum traditionellen Unterricht wie Projektunterricht oder fächerübergreifendem Unterricht zurückgeschreckt, weil dies sehr viel Kooperation erfordert. Außerdem hängen die Möglichkeiten wie z. B. Projekt, Rollenspiel oder Gruppenarbeit auch vom Interesse und der Fähigkeit der jeweiligen Lerngruppe ab.

Es hat sich als sinnvoll erwiesen, ein Thema im Zusammenhang, d. h. in einem Block, intensiv zu behandeln und nicht z. B. zwei Stunden pro Woche über einen Zeitraum von einem Vierteljahr. Nicht immer wird diese Möglichkeit gegeben sein, aber falls ein Lehrer in einer Klasse mehr als ein Fach gibt, sollte er überlegen, ob er nicht für einen bestimmten Zeitraum seinen Unterricht zum Thema Mitbestimmung »blockt« (Epochenunterricht).

Bei der Ausarbeitung der vier Unterrichtseinheiten (unter Einbeziehung der Filme F 1 bis F 5) wird davon ausgegangen, daß die Schüler am besten durch die Bearbeitung von exemplarischen Inhalten und Problemen Fähigkeiten und Einsichten erwerben können. Dies bedeutet für den Unterricht:

- Vorrang der Problemorientierung und Prozeßorientierung vor dem Anspruch auf umfassende, möglichst vollständige Stoffdarstellung,
- Priorität des forschenden Lernens (der Eigenaktivität der Schüler) vor reiner Wissensvermittlung und Inhaltsrezeption,
- gemeinsames Erarbeiten von Schülern und Lehrern der jeweiligen Unterrichtsinhalte vor eindeutig lehrerzentriertem Unterricht[4].

Ein derart gestalteter Unterricht würde sich dadurch auszeichnen, ». . . daß immer das aufgenommene Problem Gegenstand des Unterrichts ist und keinesfalls nur als

---

4 Zur Unterrichtsgestaltung siehe auch: Schmiederer, Rolf, a.a.O., eine weitere Darstellung von Unterrichtspraxis gibt der Bericht von: Lambrou, Angela / Schaeffer-Schweitzer, Barbara, a.a.O.

Einstieg in oder als Aufhänger für einen systematisch organisierten Unterricht dient. Grundsätzlich wird das Problem in (allen) seinen Dimensionen und Zusammenhängen erarbeitet und seinen gesellschaftlichen und historischen Grundzusammenhang gestellt. Bei der Behandlung des Problems ... werden die für die Behandlung notwendigen Informationen erarbeitet und/oder vermittelt und werden die notwendigen Arbeitsmethoden und Fertigkeiten eingeübt.«[5]
Schmiederer geht weiter davon aus, daß »... die Behandlung bzw. Analyse kleiner und mittlerer, immer aber für den Schüler noch leicht überschaubarer Probleme, Ereignisse, Konflikte etc. ...« einen solchen Unterricht kennzeichnet. In diesem Sinn ist der Fall selbst Gegenstand des Unterrichts und dient nicht nur als Aufhänger für systematische Wissensvermittlung. Es geht also bei der Organisation eines solchen Unterrichts nicht nur darum, einen Einstiegsfall auszuwählen, der geeignet ist, die Schüler für den Lerngegenstand selbst zu motivieren. Vielmehr muß der Einstiegsfall derart beschaffen sein, daß er eine Analyse seiner vielschichtigen Zusammenhänge, gesellschaftlichen und historischen Dimensionen zuläßt.
Im Rahmen der unterrichtlichen Gestaltung sind folgende methodische Möglichkeiten zu berücksichtigen:

Meinungsumfragen

Ein solches Vorgehen bietet die Möglichkeit, kontroverse Meinungen zum Themenbereich »Mitbestimmung und Interessenvertretung« zu ermitteln.
Meinungsumfragen können sowohl den Mitbestimmungs- und Interessenvertretungsbereich im Betrieb als auch in der Schule umfassen.
Durch die Beteiligung der Schüler an der Erarbeitung der Fragen für die Interviews, an der Durchführung der Interviews und an der Auswertung der vorgenommenen Befragungen ist es möglich, einen großen Teil der Schüler aktiv an der Behandlung dieses Themenbereiches zu beteiligen.
Zum oben angegebenen Themenbereich können unter anderem befragt werden:
- Straßenpassanten
- Mitschüler sowie Lehrer in der Schule
- Eltern, Verwandte, Nachbarn im Wohnbereich.

Folgende Fragen können u. a. Gegenstand einer Meinungsumfrage sein:
1. Gibt es zur Zeit zu wenig oder zu viel Mitbestimmung in der Wirtschaft, in der Schule?
2. Welche Gesetze bzw. Verordnungen regeln die Mitbestimmung im Betrieb, in der Schule?

---

5 Vgl. Schmiederer, R., a.a.O., S. 152.

3. In welchen Fragen kann ein Betriebsrat im Betrieb mitbestimmen?
4. Gibt es Beispiele, die zeigen, wie wichtig es für die abhängig Beschäftigten ist, mitzubestimmen?
5. Interessieren sich die abhängig Beschäftigten für die Mitbestimmung?

Gespräche mit Betriebsratsmitgliedern, Jugendvertretern und hauptamtlichen Gewerkschaftsfunktionären im Unterricht

Diese Gespräche können in erster Linie dazu beitragen, daß die Interessenvertreter durch praktische Beispiele aus dem Bereich »Mitbestimmung und Interessenvertretung« den Unterricht anreichern. Gleichzeitig können dadurch Gesprächspartner für Betriebserkundungen und Betriebspraktika gewonnen werden.
Ein solches Gespräch sollte mit den Schülern vorbereitet werden.
Folgende Fragen können Gegenstand dieser Gespräche sein:
– In welchem Betrieb arbeitest du?
– Wieviel Arbeitnehmer sind im Betrieb organisiert?
– Wir möchten gerne etwas über die Zusammenarbeit zwischen Vertrauensleuten, Betriebsratsmitgliedern und Belegschaft erfahren.
– Wie erfolgreich ist die Arbeit der betrieblichen und gewerkschaftlichen Interessenvertretung?
– Wie wird die Belegschaft über betriebliche Probleme informiert (z. B. Gewerkschaftszeitung, Betriebszeitung, Wandtafel, Flugblätter, Versammlungen, Gespräche am Arbeitsplatz oder in Pausen)?
– Wie groß ist das Interesse der Belegschaft an der Arbeit der Interessenvertretung?
– Welche Probleme kommen in Betriebsrats- bzw. Jugendvertretungssitzungen zur Sprache?
– Welche Erfolge gibt es, welche Schwierigkeiten?
– Was wird auf Betriebsversammlungen bzw. Jugendvertreterversammlungen besprochen?
Wie oft finden sie statt?
– Wie weit geht die Mitbestimmung im Betrieb? Was hat sie für die Arbeitnehmer gebracht?

Rollenspiel

Als ein methodisches Mittel zur unterrichtlichen Gestaltung kann das Rollenspiel gelten. Es bietet die Möglichkeit, Kenntnisse und Fähigkeiten, die in den

vorhergehenden Stunden erworben wurden, auf einen konkreten Konfliktfall anzuwenden.
Es ist sowohl in der Unterrichtseinheit 1 (Seite 97 f.) als auch in der Unterrichtseinheit 3 (Seite 101 f.) einsetzbar.
Soll im Unterricht ein Rollenspiel durchgeführt werden, ist es notwendig, daß die *Ausgangslage* beschrieben wird. Hierzu gehören Informationen über den Konfliktfall. Es müssen die verschiedenen Rollen definiert werden (z. B. Betriebsrat – Jugendvertretung – Unternehmer).
Das Ziel des Rollenspiels muß in der Vorbereitung umrissen und die zeitliche Dauer muß festgelegt werden (Beispiel für ein Rollenspiel siehe Krafft, Wirtschaft 8, Lohn und Arbeitsplatz, Kapitel 4.3, Seite 11 – Lärm am Arbeitsplatz –).

Lokaler Konflikt

Die Behandlung eines lokalen Konfliktes im Unterricht bietet den Vorteil, daß die Schüler mit einem Konfliktfall vertraut gemacht werden, der in ihrem unmittelbaren Erlebnisbereich liegt. Der Unterricht gewinnt dadurch an Aktualität.
Folgende Konflikte bieten sich unter anderem an:
- Betriebsverlagerung bzw. Betriebsschließung
- Kurzarbeit
- Nichtübernahme von Auszubildenden

Die Bearbeitung eines lokalen Konfliktes setzt voraus, daß Schüler und Lehrer gemeinsam vorliegendes Material sammeln und chronologisch ordnen (z. B. Zeitungsartikel, Flugblätter u. a.).
Ein entsprechend aufgearbeiteter Konflikt zum Thema Mitbestimmung kann dann auf einer Wandzeitung dokumentiert werden **(M 6)**.

Collagen

Die Collage ist eine Komposition von gemalten und gedruckten Bildern. Sie läßt den Schülern eine Vielzahl von Möglichkeiten offen, das Thema »Mitbestimmung und Interessenvertretung« auf eine andere als die bisher übliche Form (Textbearbeitung oder Unterrichtsgespräch) zu bearbeiten.
Gute Collagen bieten genügend Möglichkeiten für eine anschließende Diskussion.
Die Collage bietet den Vorteil, daß sie
– eine gute Alternative zur Textarbeit ist (damit eine Alternative gegen die Überfrachtung des Unterrichts durch Textanalysen)
– eine methodische Abwechslung und damit motivierend ist;

– besonders für Schüler geeignet ist, die benachteiligt sind durch mangelnde sprachliche Ausdrucksfähigkeit und in dieser Form ihre spezifischen Fähigkeiten entwickeln und einbringen können.

Karikaturen

Karikaturen können einen motivierenden Anreiz für die Bearbeitung von Themenschwerpunkten (z. B. Mitbestimmung, Arbeitszeitregelungen) bieten.
Sie haben den Vorteil, daß die Schüler vor dem Hintergrund dieser Karikaturen ihre Meinungen und Standpunkte veröffentlichen können.
Stephan Laske[6] hat einen Katalog von möglichen Fragestellungen für die Auswertung von Karikaturen entwickelt:
»1. Was ist dargestellt? Auf welche Situation/Personen/Gruppen zielt die Karikatur ab? Woran ist dies erkennbar?
2. Wer hat welche Interessen/Ziele in der Darstellung und wie bzw. woran wird dies deutlich?
3. Welche Interessen/Zielkonflikte drückt die Karikatur aus?
4. Welche Vorurteile und Stereotype werden deutlich?
5. Wie stimmt das Dargestellte mit der Realität überein?
6. Nimmt die Karikatur Partei? Für wen? Wodurch?
7. Aus welcher Quelle stammt die Karikatur?

Nicht in allen Fällen wird jede Frage auch sinnvoll zu beantworten sein. Die Leitfragen sind deshalb auch nicht als festes Korsett mißzuverstehen, das Haken für Haken zu öffnen ist; sie sind vielmehr als Anstöße und Interpretationshilfen gedacht, die anregen sollen, nicht einengen. Andernfalls würde der Unterricht zum routinehaften Abfragen degenerieren.«

---

6 Vgl. Laske, Arbeitszeitverkürzung in der Karikatur. Ein Materialangebot zur Behandlung kontrovers diskutierter Themen im Unterricht, in: arbeiten und lernen, Heft 5/1980, Seite 38 bis 43, hier besonders Seite 39.

8. Unterrichtspraktischer Teil

In den folgenden Unterrichtseinheiten werden Inhalte benannt, die unseres Erachtens zur Bearbeitung des Themas in der Regel unverzichtbar sind. Darüber hinaus sind zusätzliche Inhalte denkbar, die diese Vorschläge erweitern können. Dies ist abhängig von:
- der zur Verfügung stehenden Zeit,
- den Vorerfahrungen, dem Wissensstand sowie den Interessen der Schüler,
- der Aktualität regionaler Konflikte.

Die didaktischen Kommentare erläutern die von uns vorgeschlagenen Verlaufsplanungen. Gemäß des Ansatzes eines offenen Unterrichts müssen der Lehrer und die Schüler entscheiden, ob bestimmte Elemente einer Unterrichtseinheit mit Elementen einer anderen kombiniert werden sollen. Z. B.: Im Rahmen der Unterrichtseinheit 3 können auch Probleme der Mitbestimmung und Interessenvertretung außerhalb des Bereiches der Berufsausbildung angesprochen werden. Vgl. dazu die Möglichkeiten in den Unterrichtseinheiten 1, 2 und 4.

Außerdem muß der Lehrer eine Auswahl der Medien treffen (vgl. die Übersicht 6.2).

In der Spalte Medien sind bewußt mehrere in Frage kommende Materialien (vgl. 9.) genannt. Der Lehrer entscheidet, welches Material eingesetzt werden soll. Dabei gehen wir davon aus, daß natürlich nicht *alle* Materialien zum Einsatz kommen. Einige Materialien sind in den Unterrichtseinheiten 1 bis 4 genannt, d. h. der Lehrer hat noch Spielraum, diese Materialien durch weitere zu ergänzen.

8.1 Unterrichtseinheit 1:
Mitbestimmung in der Schule und im Betrieb

Didaktischer Kommentar

Diese Unterrichtseinheit setzt an den Erfahrungen der Schüler an. Sie geht von der unmittelbar erlebten Schulsituation aus und thematisiert Mitwirkung und Interes-

senvertretung in diesem Bereich. Darüber hinaus ist eine Einbeziehung außerschulischer Bereiche möglich (z. B. Freizeitbereich: Jugendzentrum).
Im Anschluß daran wird der Bereich »Mitbestimmung und Interessenvertretung im Betrieb« thematisiert. Für die Jahrgänge 8 und 9 soll insbesondere die Mitbestimmung im betrieblichen Bereich behandelt werden. Eine Behandlung der Mitbestimmung auf Unternehmensebene wird für die Jahrgänge 8 und 9 als nicht sinnvoll angesehen.
Es kommt insbesondere darauf an, den Schülern anhand von konkreten betrieblichen Problemsituationen die unterschiedlichen Möglichkeiten der Interessenvertretung darzustellen.
Der Einsatz dieser Unterrichtseinheit kann z. B. im Rahmen der Vor- und Nachbereitung des Betriebspraktikums erfolgen.
Bei den Fallbeispielen sind bewußt verschiedene Problembereiche dargestellt worden. Es ist daher notwendig, eine Auswahl zu treffen.
Zum Comic »Strubbel soll entlassen werden«[1]:
Dieser Comic bietet eine Fülle von Möglichkeiten, das Thema »Mitbestimmung« schülergemäß einzuleiten. Er kann Ausgangspunkt für eine Reihe von Themenbereichen sein (Preis-Lohn-Spirale, Stellenwert der Mitbestimmung, Entlassungen, Gewerkschaften, Rationalisierung).
Vorschlag für die Bearbeitung:
– Die Schüler lesen den Comic.
– Die Bearbeitungsfrage lautet: Was soll Strubbel jetzt tun?
Im Anschluß daran haben die Schüler die Aufgabe, die unterschiedlichen Handlungsmöglichkeiten zu diskutieren.

UE 1		Jg. 8/9
Phase	Bearbeitungsmöglichkeiten	Medien
1. Einstieg und Problematisierung	1.1 Mitbestimmung und Interessenvertretung in der Schule	M 38
	1.2 Comic »Strubbel soll entlassen werden« Mickel »Arbeitsbuch Politik«, S. 160	M 39
	1.3 Mitbestimmung im Betrieb?	M 1
2. Analyse (Herausarbeiten der Interessen)	Positionen der Gewerkschaften und Unternehmer Methodischer Tip: Diese Argumente werden auf Kärtchen geschrieben und auf einer Wandtafel befestigt.	M 4

1 Abgedruckt in: Mickel, »Arbeitsbuch Politik«, Düsseldorf 1980, S. 160.

Phase	Bearbeitungsmöglichkeiten	Medien
	Es besteht dann während der Unterrichtseinheit die Möglichkeit, auf diese typischen Argumente zurückzukommen.	
3. Vertiefung (Kenntniserwerb)	3.1 bezogen auf die Schule: – Mitbestimmung in der Schule – Schulmitwirkungsgesetz NW 3.2 bezogen auf den Betrieb und das Unternehmen: – Mitbestimmungsgesetze Montanmitbestimmung 1951 Betriebsverfassungsgesetz 1972 Mitbestimmungsgesetz 1976 – Rolle der Gewerkschaften (Zutrittsrechte, Vorschlagsrechte, Notwendigkeit der Gewerkschaft) – betriebliche Gremien (Betriebsrat, Betriebsversammlung, Jugendvertretung)	M 39 M 20 M 24 M 25 M 26 M 28 M 32
4. Anwendung	4.1 bezogen auf die Schule: – Rollenspiel je nach Schul- und Klassensituation 4.2 bezogen auf den Betrieb: Fälle: a) Film »Ich bin Jugendvertreter« b) Film: »Die Arbeit des Betriebsrats« (Arbeitsbedingungen)	 F 1 F 4

8.2 Unterrichtseinheit 2:
Überbetriebliche Mitbestimmung und Interessenvertretung (Beispiel: Montanmitbestimmung)

Didaktischer Kommentar

Ausgehend von der aktuellen Situation (Sicherung der Montanmitbestimmung 1980 ff.) soll die Bedeutung der Montanmitbestimmung im Rahmen des gesamten Mitbestimmungskonzepts und der Mitbestimmungsregelungen deutlich gemacht werden. Dabei ist es unverzichtbar, den historischen Hintergrund zu erarbeiten. In dieser Altersstufe (Jahrgang 9/10) kann in der Regel vorausgesetzt werden, daß die

Schüler über die notwendigen geschichtlichen Vorkenntnisse verfügen (d. h. grober Überblick über die Geschichte nach 1945).

Ferner soll über das in der Unterrichtseinheit 1 Dargestellte hinaus (Schwerpunkt: betriebliche Mitbestimmung) hier insbesondere die *überbetriebliche* Mitbestimmung und Interessenvertretung behandelt werden. Außerdem sollen die Schüler befähigt werden, sich mit Unternehmerargumenten gegen Mitbestimmungsregelungen auseinanderzusetzen. Dabei ist es nicht unbedingt erforderlich, die Anwendung der gewonnenen Kenntnisse und Einsichten durch Fallbeispiele zu vertiefen. Vielmehr sollen sich die Schüler – unter Umständen in arbeitsteiligem Gruppenunterricht – zusätzliche Informationen zu den wichtigsten Aspekten des Themas aneignen.

Für weitere Fallbeispiele vgl. in diesem Zusammenhang den Teil 6 (Audio-visuelle Medien) mit Unterrichtsvorschlägen.

UE 2 Stundenzahl: 8–15
Jg. 9/10

Phase	Bearbeitungsmöglichkeiten	Medien
1. Einstieg und Problematisierung	Aktuelle Montanmitbestimmungs-Diskussion	F 12, F 13, M 2, M 3, M 6, M 7, M 8, M 9, M 10
2. Analyse (Herausarbeiten der Interessen)	2.1 Positionen der Gewerkschaften und Unternehmer zu Mitbestimmung und Interessenvertretung 2.2 Hinzuziehen geschichtlicher Dokumente	M 4, Dia-Serie: Geschichte der Mitbestimmung M 11–M 18
3. Vertiefung (Kenntniserwerb)	3.1 Mitbestimmungsgesetze 3.2 Ebenen der Mitbestimmung 3.3 Wer ist betroffen von der Mitbestimmung 3.4 Montanmitbestimmung 3.5 DGB-Positionen zur Mitbestimmung	M 20 M 23/24 M 27 M 21/22 M 19
4. Anwendung	4.1 Mitbestimmungsgesetz im Vergleich: 1951, 1952, 1972 und 1976 4.2 Der Kampf um die Montanmitbestimmung 1951	M 25 M 26 M 5

8.3 Unterrichtseinheit 3:
Mitbestimmung und Interessenvertretung in der Berufsausbildung

Didaktischer Kommentar

Bei dieser Unterrichtseinheit steht der Aspekt »Mitbestimmungsmöglichkeiten in der beruflichen Bildung« im Vordergrund. Dabei sind der Einstieg und der weitere Ablauf der Unterrichtseinheit je nach Schülergruppe (Schüler einer Beruflichen Vollzeitschule oder Auszubildende mit wöchentlichem Berufsschulunterricht bzw. im Block) entsprechend zu gestalten. Während in der ersten Gruppe stärker an vorgegebenen Fallbeispielen (mit entsprechender Textarbeit) gearbeitet werden kann, sollte der Unterricht mit der zweiten Gruppe an Erfahrungen der Schüler (Auszubildenden) ansetzen.
Auch die Möglichkeit, mit Texten (z. B. Gesetzesauszügen) zu arbeiten, wird in der ersten Gruppe anders sein als bei Auszubildenden. Es ist zu empfehlen, daß die erforderlichen Gesetzestexte rechtzeitig in Klassensatzstärke besorgt werden (vgl. Literaturverzeichnis).

UE 3
Jg. 10–11
Stundenzahl: ca. 8–15

Phase	Bearbeitungsmöglichkeiten	Medien
1. Einstieg und Problematisierung	Situationsberichte aus dem Betrieb (Mängel in der Ausbildung: ausbildungsfremde Arbeiten; Ausbildungspläne; Schwierigkeiten mit dem Meister)	F 14, F 15
2. Analyse (Herausarbeiten der Interessen)	Interessen der Unternehmer und der Gewerkschaften an der Berufsausbildung Methodischer Tip: Diese Argumente werden auf Kärtchen geschrieben und auf einer Wandtafel befestigt Es besteht dann während der Unterrichtseinheit die Möglichkeit, auf diese typischen Argumente zurückzukommen	Sowohl für Schüler als auch für Lehrer: Stellungnahmen zu Grundsatzfragen der Berufsbildung, Schriftenreihe 66 und 79 der IG Metall M 37
3. Vertiefung (Kenntniserwerb)	3.1 Situation in der Berufsausbildung 3.2 Gremien der Interessenvertretung, insbesondere Jugendvertretung 3.3 Gesetzliche Grundlagen (Jugendarbeitsschutzgesetz, Betriebsverfassungsgesetz, Berufsbildungsgesetz)	M 29 Comic: Bange machen gilt nicht (s. 5.4) M 28, 29, 37

Phase	Bearbeitungsmöglichkeiten	Medien
4. Anwendung	4.1 Bearbeitung eines Konfliktfalls 4.2 Anhand eines Films 4.3 Anhand einer Schallplatte	M 35 F 1, F 3 Dieter Süverkrüp: »Kleinstadtlehr- linge« aus: »Zusammen- gesammelte Werke«

8.4 Unterrichtseinheit 4:
Geschichtliche Entwicklung der betrieblichen und überbetrieblichen Mitbestimmung und Interessenvertretung

Didaktischer Kommentar

In der Sekundarstufe II können Schüler selbständig (u. U. in Gruppenarbeit) arbeiten. Hierbei können sie auf die unten angegebenen Bücher zurückgreifen.
Hier die für die Unterrichtseinheit 4 relevanten historischen Etappen:
– Erste Konzepte zur Mitbestimmung,
– 1918: Sozialisierungsforderungen,
– 1920: Betriebsrätegesetz,
– 1925/28: Konzept der »Wirtschaftsdemokratie«,
– 1934: »Gesetz zur Ordnung der nationalen Arbeit«
– 1947: Forderungen zu Sozialisierung und Mitbestimmung,
– 1951/52: Sieg und Niederlage: Mitbestimmung und Betriebsverfassungsgesetz.
Abschließendes Fazit: Mitbestimmung in der Bundesrepublik Deutschland.

Literatur zur Unterrichtseinheit 4

Arbeits- und Lebensbedingungen im 19. Jahrhundert:

Hoffacker, H. (Hrsg.), Materialien zum historisch-politischen Unterricht (Versäumte Lektionen. Deutschland 1890–1949), Lehrerband, S. 18 ff., Materialteil, S. 1 ff., Stuttgart 1975

Däubler, W., Das Arbeitsrecht (vgl. 5.)

Arbeits- und Lebensbedingungen nach 1945:

Gewerkschaften und Mitbestimmung (vgl. 5.)

Johannson, K., Der Betriebsrat (vgl. 5.)

Teuerung weltweit,
Schriftenreihe Nr. 87 der Industriegewerkschaft Metall

Bernewitz, E. H. v., Wirtschaft und Politik verstehen,
Reinbek bei Hamburg 1978

Runge, E., Bottroper Protokolle,
Frankfurt 1970[4]

Kühn, A., Zeit zum Aufstehn,
Frankfurt/Main 1975

Gründung der Gewerkschaften:

Borsdorf, U. / Hemmer, H. O., Martiny, M. (Hrsg.),
Grundlagen der Einheitsgewerkschaft, (Dokumentenband)
Köln 1977

75 Jahre Industriegewerkschaft Metall
Hrsg.: Industriegewerkschaft Metall Vorstand
Köln 1980

Johannson, K., Der Betriebsrat (vgl. 5.)

Gewerkschaften und Mitbestimmung (vgl. 5.)

Abendroth, W., Sozialgeschichte der europäischen Arbeiterbewegung
Frankfurt 1972[8]

Klönne, A., Die deutsche Arbeiterbewegung, S. 44 ff. (vgl. 5.)

Däubler, W., Das Arbeitsrecht I (vgl. 5.)

Werkkreis Literatur der Arbeitswelt (Hrsg.),
Der rote Großvater erzählt
Frankfurt 1973

Popp, A., Jugend einer Arbeiterin
Berlin/Bonn-Bad Godesberg 1977
(Nachdruck einer Ausgabe von 1915)

Zur Funktion der Gewerkschaften:

Mayer, E., Theorien zum Funktionswandel der Gewerkschaften
Frankfurt/Main 1973

Köpping, W., Die Gewerkschaften
Köln 1980

UE 4	Stundenzahl: ca. 15 und mehr
Jg.: ab 11	(je nachdem, ob Grundkurs oder Leistungskurs im Fach Geschichte oder Sozialwissenschaften)

Phase	Bearbeitungsmöglichkeiten	Medien
1. Einstieg und Problematisierung	1.1 Arbeits- und Lebensbedingungen der abhängig Beschäftigten	F 5, 16, 17, 18 Diaserien: »Der eigene Feiertag« »Geschichte der Mitbestimmung«
2. Analyse (Herausarbeiten der Interessen)	Analyse des Interessengegensatzes von Kapital und Arbeit	M 30, 31
3. Vertiefung (Kenntniserwerb)	3.1 Entwicklung der Arbeits- und Lebensbedingungen	
	3.2 Zusammenschluß der abhängig Beschäftigten zu Gewerkschaften, ihre Ziele und Aufgaben	
	3.3 Gegenstrategien der Unternehmer	M 41
	3.4 Veränderung gesellschaftlicher Bedingungen durch Gesetze	M 11, M 19
	3.5 Einwirkungsmöglichkeiten der abhängig Beschäftigten über Gremien	
4. Anwendung	Hinzuziehen von Konfliktfällen (zu Arbeitsbedingungen, Kündigungen usw.)	
5. Übertragung	Z. B. »Stillegung einer Teilproduktion« oder	F 2
	»Europa im Vergleich«	F 6

9. Materialteil

M 1 Karikatur: »Achtung! Sie verlassen den demokratischen Sektor der Bundesrepublik«
M 2 Zeitungsausschnitte: Mannesmann gegen Mitbestimmung (1953–1958)
M 3 Karikatur: »Die Schatten der Vergangenheit sprechen für sich«
M 4 Argumente pro und contra Mitbestimmung
M 5 Artikel zum Mitbestimmungsurteil des Bundesverfassungsgerichts: »Die Karlsruher Schwerpunkte«
M 6 Karikatur: »Was haben Sie denn gegen so eine harmlose Operation? Wir haben doch vorzügliche Prothesen!«
M 7 Zeitungsüberschriften: Streit um die Montanmitbestimmung (1981)
M 8 Flugblatt: Keine Demontage der Demokratie
M 9 Flugblatt: Hände weg von der Montanmitbestimmung
M 10 Zeitungsartikel: DGB lehnt Mitbestimmungs-Kompromiß ab
M 11 Zeittafel zur Mitbestimmung
M 12 Entwurf einer Gewerbeordnung für das Deutsche Reich 1848 (Auszug)
M 13 Betriebsrätegesetz 1920 (Auszug)
M 14 Gesetz über die Entsendung von Betriebsratsmitgliedern in den Aufsichtsrat 1922 (Auszug)
M 15 Gesetz Nr. 22: Betriebsrätegesetz von 1946 (Auszug)
M 16 Betriebsrätegesetz für das Land Hessen 1948 (Auszug)
M 17 Historische Stellungnahmen zur Mitbestimmung
M 18 Rundfunkansprache Hans Böcklers von 1951
M 19 DGB-Grundsatzprogramme 1949, 1963, 1981 zur Mitbestimmung
M 20 Schaubilder: Mitbestimmungsgesetze 1951, 1956, 1976
M 21 Montan-Mitbestimmungsgesetz 1951 (Auszug)
M 22 Bilanz der Montanmitbestimmung
M 23 Ebenen der Mitbestimmung
M 24 Entscheidungen auf Unternehmens- und Betriebsebene
M 25 Betriebsverfassungsgesetz 1952 (Auszug)
M 26 Betriebsverfassungsgesetz 1972 (Auszug)
M 27 Mitbestimmung für Arbeitnehmer – Wo? Für wie viele? Wie?

M 28 Aufbau der betrieblichen Interessenvertretung
M 29 Arbeit der Jugendvertretung
M 30 Die abhängig Beschäftigten im Wirtschaftsprozeß
M 31 Das Kapital der Unternehmer im Wirtschaftsprozeß
M 32 Unterschiedliche Qualität der Einwirkungsmöglichkeiten des Betriebsrats
M 33 Informationsmöglichkeiten des Betriebsrats, der Jugendvertretung und der gewerkschaftlichen Vertrauensleute
M 34 Zusammenarbeit Betriebsrat – Jugendvertretung
M 35 Lösungsmöglichkeiten durch die betriebliche Interessenvertretung
M 36 Karikatur: »Wir müssen das Betriebsverfassungsgesetz voll ausschöpfen«
M 37 Aufgaben der betrieblichen Interessenvertretung, der Gewerkschaften und des Gesetzgebers zur Verbesserung der Berufsausbildung
M 38 Schülerfragebogen: Demokratie und Mitwirkung in der Schule
M 39 Schaubild: Mitwirkung in der Schule
M 40 Schülerarbeitsblatt zur Auswertung von Fallbeispielen
M 41 100 Jahre Unternehmerargumente

M 1
»Achtung! Sie verlassen den demokratischen Sektor der Bundesrepublik«

M 2
Mannesmann gegen Mitbestimmung (1953–1958)

1953

Aus: Metall Nr. 15/53

Mitbestimmung unantastbar

In der Hauptversammlung der Mannesmann AG am 26. Juni 1953 sind Meinungsverschiedenheiten darüber aufgetreten, ob das Mitbestimmungsgesetz für Kohle und Eisen auf die Holding-Gesellschaften der Montanindustrie Anwendung findet. Nach Auffassung der Gewerkschaften muß das Mitbestimmungsgesetz selbstverständlich auch für diese Gesellschaften Geltung haben.

1955

Aus Metall Nr. 8/1955

Mannesmann-Aufsichtsrat schränkt Rechte des Arbeitsdirektors ein

Nachdem man bekanntlich seinerzeit durch einen Prozeß beim Düsseldorfer Landgericht die Beseitigung der paritätischen Mitbestimmung im Aufsichtsrat der Mannesmann-Obergesellschaft durchgesetzt hatte, geht man nunmehr gegen den Arbeitsdirektor vor. Dazu wird derselbe Aufsichtsrat benutzt, in dem die Arbeitnehmerschaft ihrer Rechte beraubt wurde, und in dem sie nur noch durch eine Minderheit vertreten ist, die vom Registerrichter bestellt wurde, und zwar nicht einmal aus dem von den Betriebsräten und Gewerkschaften vorgeschlagenen Personenkreis.

1956

Aus Metall Nr. 4/1956

Holding-Mitbestimmung hart umkämpft

Der Bundestagsausschuß für Arbeit hat die Beratungen der Gesetzentwürfe über die Mitbestimmung in Holdinggesellschaften, die von der Bundesregierung und dem Abgeordneten Sabel vor Jahresfrist vorgelegt worden waren, in erster Lesung beendet. Bevor das Plenum des Bundestages den Gesetzentwurf zur Entscheidung vorgelegt bekommt, wird der Ausschuß noch seine zweite Lesung durchführen, und sicherlich werden eine Reihe von in der ersten Lesung getroffenen Entscheidungen von dieser oder jener Seite noch hart umkämpft werden.

1958

Aus Metall Nr. 23/1958

Machtkonzentration

Mannesmann führt neuen Schlag gegen Mitbestimmungsrecht bei Kohle und Stahl

Die verhängnisvolle Rolle, die gewisse Konzerngewaltige an Rhein und Ruhr in der deutschen Geschichte bereits wiederholt gespielt haben und die zum furchtbarsten Aderlaß des deutschen Volkes führte, steht erneut als Menetekel an der Wand. Mit allen Mitteln werden die ehemaligen unumschränkten Herrschaftspositionen in der deutschen Schwerindustrie wiederaufgebaut; sie werfen bereits ihren drohenden Schatten auf die politischen Entscheidungen in der Bundesrepublik.

109

M 3
»Die Schatten der Vergangenheit sprechen für sich«

Die Schatten der Vergangenheit sprechen für sich

M 4
Argumente pro und contra Mitbestimmung

PRO

Wirtschaftliche Argumente

Die Mitbestimmung engt die unternehmerische Freiheit nicht mehr ein, als es bisher das Kapitalinteresse schon tat. Die Manager waren nie frei von der Rücksichtnahme auf einflußreiche Aufsichtsratsmitglieder. Auch kann die Mitbestimmung eine bessere Auswahl für leitende Positionen ermöglichen.

Sozialpolitische Argumente

Mitbestimmung bietet einen sicheren Schutz gegen unternehmerische Willkür und entschärft damit die »Objektsituation« des Arbeitnehmers.

Die Integration (Einbeziehung in die Gesellschaft) kann nicht allein durch die Mitbestimmung gelöst werden. Sie ist eine gesellschaftspolitische Aufgabe. Die Mitbestimmung vermag aber das Hineinwachsen in die Gesellschaft zu fördern.

Gerade die Mitbestimmung fördert das Verantwortungsbewußtsein des einzelnen Arbeitnehmers.

CONTRA

Die Mitbestimmung beseitigt die Freiheit der unternehmerischen Entscheidung und vermindert infolge der unvermeidlichen Bürokratisierung die Leistungsfähigkeit der Unternehmen, denn mehr Mitbestimmung bedeutet in der Praxis zunächst einmal Erschwerung des betrieblichen Entscheidungsprozesses.

Eine umfangreiche Arbeits- und Sozialgesetzgebung, ständige Vollbeschäftigung und ein scharfer Konkurrenzkampf der Unternehmer um die knappe »Ware« Arbeitskraft sind ein besserer Schutz gegen etwaige unternehmerische Willkür als jede Art von Mitbestimmung.

Die Mitbestimmung fördert nicht die Integration des Arbeitnehmers in die Gesellschaft; diese kann sich nur an seinem Arbeitsplatz vollziehen, nicht aber durch institutionelle Repräsentanz (Berücksichtigung der Organisation) der Gewerkschaften in den Leitungsorganen.

PRO
Gesellschaftspolitische Argumente

Die erweiterte Mitbestimmung gestattet eine Machtkontrolle der Großunternehmer und verhindert dadurch Machtmißbrauch.
Eine ... Fernlenkung durch die Gewerkschaften ist bisher unbewiesen. Tatsächlich sind Arbeitsdirektoren und Aufsichtsräte ja nicht Befehlsempfänger der Gewerkschaftszentrale, sondern dem Wohle des Betriebes wie dem der Arbeitnehmer verantwortlich. Die Mitbestimmung konkretisiert lediglich die Sozialbindung des Eigentums, wie sie das Grundgesetz vorschreibt.

Die Gewerkschaften sind traditionell dem demokratischen Rechtsstaat verpflichtet, sie bewegen sich streng im Rahmen des Grundgesetzes, ihre Funktionäre werden von den Mitgliedern gewählt und sind ihnen Rechenschaft schuldig. Sie sind legitimiert, auch für die nichtorganisierten Arbeitnehmer zu sprechen, so wie das Parlament Sprachrohr des ganzen Volkes einschließlich der Nichtwähler ist.

CONTRA

Wirksamer als jede Mitbestimmung wird der Machtmißbrauch durch die Konkurrenz gehindert. Verbraucher, öffentliche Meinung sowie das Kartellgesetz sind scharfe Abwehrwaffen im Kampf gegen individuellen Machtmißbrauch.

Die Mitbestimmung beseitigt die marktwirtschaftliche Ordnung, da sie den Gewerkschaften über ihre Aufsichtsräte und Arbeitsdirektoren die Möglichkeit gibt, in die Unternehmenspolitik zentral steuernd einzugreifen. Die Mitbestimmung unterhöhlt das Recht auf Privateigentum an Produktionsmitteln.

Die erweiterte Mitbestimmung nach DBG-Vorschlag führt zum systemverändernden Gewerkschaftsstaat. Die Gewerkschaften sind weder durch ihre Größe (nur die Hälfte der Arbeitnehmer sind Gewerkschaftsmitglieder) noch ihrer inneren Struktur nach legitimiert, im Namen aller Arbeitnehmer zu sprechen.

Nach: Informationen zur politischen Bildung Nr. 175, hrsg. v. der Bundeszentrale für politische Bildung Bonn 1978

M 5
»Die Karlsruher Schwerpunkte«

Im Hintergrund:
Die Karlsruher Schwerpunkte

Das Urteil des Bundesverfassungsgerichts in Karlsruhe über die Verfassungsbeschwerden der Arbeitgeber gegen das Mitbestimmungsgesetz wird jetzt von vielen Experten einer gründlichen Feinanalyse unterzogen. Die Entscheidung, mehr als hundert Seiten stark, hat folgende Schwerpunkte, wie sie im wesentlichen vom Gericht formuliert worden sind:

1. Das Grundgesetz enthält keine ausdrücklichen Regelungen über die Mitbestimmung der Arbeitnehmer. Das ist Gegenstand der Bundesgesetzgebung.
2. Prüfungsgegenstand sind allein die angegriffenen Vorschriften des Mitbestimmungsgesetzes. Ob andere Regelungen einer Arbeitnehmer-Mitbestimmung mit dem Grundgesetz zu vereinbaren wären, ist nicht zu entscheiden.
3. Die Mitbestimmungsvorschriften begründen weder rechtlich noch sachlich eine paritätische oder gar überparitätische Mitbestimmung der Arbeitnehmer im Unternehmen. Der Anteilseignerseite kommt ein leichtes Übergewicht zu.
4. Der Gesetzgeber hat sich am derzeitigen Stand der Erfahrungen und Einsichten orientiert. Wenn er sich auf dieser Grundlage für die Lösung des Mitbestimmungsgesetzes entschieden hat, so ist die damit verbundene Beurteilung der Auswirkungen des Gesetzes als vertretbar anzusehen, mag sie sich später auch teilweise oder gänzlich als Irrtum erweisen, so daß der Gesetzgeber zur Korrektur verpflichtet ist.
5. Das Grundgesetz, das sich in seinem ersten Abschnitt im wesentlichen auf die klassischen Grundrechte beschränkt hat, enthält keine unmittelbare Festlegung und Gewährleistung einer bestimmten Wirtschaftsordnung. Anders als die Weimarer Reichsverfassung normiert es auch nicht konkrete verfassungsrechtliche Grundsätze der Gestaltung des Wirtschaftslebens. Es überläßt dessen Ordnung vielmehr dem Gesetzgeber, der hierüber innerhalb der Grenzen des Grundgesetzes frei zu entscheiden hat, ohne dazu einer weiteren als seiner allgemeinen demokratischen Legitimation zu bedürfen. Da diese gesetzgeberische Gestaltungsaufgabe ebenso wie die Gewährleistung von Grundrechten zu den konstituierenden Elementen der demokratischen Verfassung gehört, kann sie nicht im Wege einer Grundrechtsinterpretation weiter eingeschränkt werden, als die Einzelgrundrechte es gebieten.
6. Die Berücksichtigung der Gestaltungsfreiheit des Gesetzgebers darf nicht zu einer Verkürzung dessen führen, was die Verfassung bei allem Wandel unverändert gewährleisten will, namentlich nicht zu einer Verkürzung der in den Einzelgrundrechten garantierten individuellen Freiheiten, ohne die nach der Konzeption des Grundgesetzes ein Leben in menschlicher Würde nicht möglich ist.

7. Soweit es um die Funktion des Eigentums als Element der Sicherung der persönlichen Freiheit des einzelnen geht, genießt dieses einen besonders ausgeprägten Schutz. Dagegen ist die Befugnis des Gesetzgebers zur Inhalts- und Schrankenbestimmung um so weiter, je mehr das Eigentumsobjekt in einem sozialen Bezug und einer sozialen Funktion steht.
8. Wie weit die Befugnis des Gesetzgebers zur Bestimmung von Inhalt und Schranken des Eigentums bei Organisationsmaßnahmen sozialordnender Art reicht, bedarf keiner abschließenden Festlegung. Der Gesetzgeber hält sich jedenfalls dann innerhalb der Grenzen, wenn die Mitbestimmung der Arbeitnehmer nicht dazu führt, daß über das im Unternehmen investierte Kapital gegen den Willen aller Anteilseigner entschieden werden kann, wenn diese nicht die Kontrolle über die Führungsauswahl im Unternehmen verlieren und wenn ihnen das Letztentscheidungsrecht belassen wird.
9. Artikel 9 Absatz 1 des Grundgesetzes (Alle Deutschen haben das Recht, Vereine und Gesellschaften zu bilden) verpflichtet den Gesetzgeber nicht, bei der Ausgestaltung des Rechts von Kapitalgesellschaften jegliche Fremdbestimmung bei der Organbestellung und Willensbildung auszuschließen. Wäre das der Fall, dann wäre bereits die Mitbestimmung nach dem Betriebsverfassungsgesetz 1952 verfassungswidrig.
10. Das Bundesverfassungsgericht geht in ständiger Rechtsprechung davon aus, daß Artikel 9 Absatz 3 des Grundgesetzes die Koalitionsfreiheit nur in ihrem Kernbereich schützt. Das Grundrecht räumt den geschützten Personen und Vereinigungen nicht mit Verfassungsrang einen inhaltlich unbegrenzten und unbegrenzbaren Handlungsspielraum ein. Es ist Sache des Gesetzgebers, die Tragweite der Koalitionsfreiheit dadurch zu bestimmen, daß er die Befugnisse der Koalitionen im einzelnen gestaltet und näher regelt.
11. Das Grundrecht enthält keine Garantie des Bestands des Tarifvertrags- und Arbeitskampfsystems in seiner konkreten, gegenwärtigen Gestalt. Artikel 9 Absatz 3 läßt sich auch nicht dahin auslegen, daß er ein Tarifsystem als ausschließliche Form der Förderung der Arbeits- und Wirtschaftsbedingungen gewährleistet.   rr

Aus: Frankfurter Rundschau vom 3. 3. 1979

M 6
»Was haben Sie denn gegen so eine harmlose Operation? Wir haben doch vorzügliche Prothesen!«

M 7
Streit um die Montanmitbestimmung (1981)

Unvereinbare Standpunkte bei den Verhandlungen zwischen Mannesmann und der IG Metall
Warnstreiks in 20 Betrieben / Neues Treffen am 11. August / Der Streit um die Mitbestimmung

Montan-Mitbestimmung
DGB: Kein guter Start der Schmidt-Regierung
Handelsblatt

Streit am Sterbebett
Mitbestimmung bei Mannesmann: Neuer Krach in der Koalition *Die Zeit*

Arbeitgeber lehnen die Montan-Vorschläge von Strauß und Wehner ab
Die Welt

Mitbestimmung:
- **Protest**
- **aus dem**
- **Betrieb**

Westfalenpost

Frankfurter Rundschau
Genscher droht mit Koalitions-Bruch
Warnung im Mannesmann-Streit

Notfalls auch mit Streik…
Die Zeit

Mahnung an den Kanzler

Eugen Loderer über den Anschlag auf die Montan-Mitbestimmung
Der Angriff wird zurückgewiesen
metall

Von Christine Becker

Bei gewerkschaftlichen Veranstaltungen in der ganzen Bundesrepublik aus Anlaß des 30. Jahrestages der Einführung der Montanmitbestimmung wurde scharfe Kritik an der Bonner Regierung, aber auch Selbstkritik laut. Als „Sterbehilfe" und „fauler Kompromiß" wurde der Gesetzentwurf zur Sicherung der Mitbestimmung verurteilt.

Welt der Arbeit

Mannesmann-Arbeiter kündigen an:
Warnstreiks für die Mitbestimmung
Die Neue

M 8
Keine Demontage der Demokratie

M 9
»Hände weg von der Montanmitbestimmung«

Hände weg
von der Montan-Mitbestimmung

Kolleginnen und Kollegen,

Herr Overbeck, der Vorstandsvorsitzende des Mannesmann-Konzerns, hält die Montan-Mitbestimmung nicht mehr für zeitgemäß.

Vorstandsbeschlüsse, so klagt Overbeck, seien in montanmitbestimmten Unternehmen sehr viel schwieriger und zäher durchzusetzen als anderswo.

- **Nun soll die paritätische Mitbestimmung der Arbeitnehmer vom Tisch gefegt werden.** Overbeck will den Konzern im Handstreich umorganisieren.

  Das Motiv ist klar: Mitbestimmung bedeutet Einschränkung der Unternehmerwillkür und war für diese Herren immer nur ein Klotz am Bein.

- **Erinnern wir uns:**

  1947 haben die Stahlindustriellen die Mitbestimmung den Gewerkschaften angeboten, um der drohenden Entflechtung und Enteignung zu entgehen. Schon 1950, ein Jahr nach der Gründung der Bundesrepublik, hielten die Herren die Montan-Mitbestimmung nicht mehr für zeitgemäß.
  Mitbestimmung sei Alliierten-Recht hieß es damals, Deutsches Recht kenne keine Mitbestimmung.

  200.000 Stahlarbeiter und 450.000 Bergleute erklärten damals in einer geheimen Abstimmung ihre Bereitschaft, für den Erhalt der Mitbestimmung zu streiken.

Kolleginnen und Kollegen,

Die Unternehmer halten offenbar die Zeit für gekommen, die **paritätische Mitbestimmung der Arbeitnehmer in der Bundesrepublik zu liquidieren.** Manipulationen wie bei Mannesmann beabsichtigt, sind in der gesamten Stahlindustrie möglich, also auch bei der Salzgitter AG denkbar. Deshalb **muß** das Vorhaben des Mannesmann-Vorstandes scheitern.

- **Die Montan-Mitbestimmung ist ein Meilenstein auf dem Weg zur Wirtschaftsdemokratie.**
- **Wie 1950 sind wir bereit, diesen Meilenstein zu verteidigen.**

Der Generalangriff auf die Montan-Mitbestimmung muß abgewährt werden!

Verantwortlich: Hans Donay, IGM Salzgitter, Paul Becker, IGM Peine, VK-Leitungen P + S, Werk I und II, Hochofenwerk Ilsede, VPS, Max-Hütte

M 10
DGB lehnt Mitbestimmungs-Kompromiß ab

DGB lehnt Mitbestimmungs-Kompromiß ab
Nach Ansicht des Bundesvorstandes wird er einer dauerhaften Lösung nicht gerecht

Von unserer Redaktion Rhein-Ruhr

be. Düsseldorf, 6. Februar

Der Bundesvorstand des Deutschen Gewerkschaftsbundes (DGB) hat allen Abgeordneten des Bundestags eine Erklärung zugeleitet, wonach es Ziel der Gewerkschaften bleibe, die Mitbestimmung nach dem Vorbild der Montanindustrie auf alle großen Unternehmen und Konzerne auszudehnen. Der jüngste Regierungsentwurf zur Montan-Mitbestimmung wird deshalb vom DGB abgelehnt.

Der Gesetzentwurf geht davon aus, daß jetzige Mitbestimmungsregelungen für die Dauer von sechs Jahren gültig bleiben, auch wenn in einem Unternehmen wie bei Mannesmann die Voraussetzungen für die Anwendung der Montan-Mitbestimmung entfallen. Bundeskanzler Helmut Schmidt hatte diese Sechs-Jahres-Frist damit begründet, daß damit die Möglichkeit für weiteres Nachdenken geschaffen sei. Außerdem sei die endgültige Regelung Sache des nächsten Bundestags.

Nach Ansicht des DGB wird aber schon jetzt die Montan-Mitbestimmung durch die »ständigen Angriffe der Unternehmer, durch Versuche, ihren Geltungsbereich einzuschränken und sie durch Konzentration und strukturellen Wandel auszuhöhlen«, in Frage gestellt, so daß die weitgehenden Rechte der Gewerkschaften und der Betriebsräte nach den Montan-Mitbestimmungsgesetzen von 1951 und 1956 nur dann gesichert werden könnten, wenn diese Montan-Mitbestimmung umfassend und dauerhaft gesetzlich gesichert werde. Eine Übergangsfrist genüge nicht.

Ferner stößt sich der DGB-Bundesvorstand an dem vorgesehenen neuen Wahlverfahren für die Vertreter der Gewerkschaften im Aufsichtsrat. Der Regierungsentwurf sieht vor, daß das Entsendungsrecht der Gewerkschaften wegfällt und die Betriebsräte eine Art Vetorecht erhalten. Damit werde das Modell der Montan-Mitbestimmung in einem wesentlichen Bestandteil zerstört, heißt es in der Erklärung des DGB. Einfluß und Verantwortung der Gewerkschaften würden unverhältnismäßig eingeschränkt. Die Schuld an der Änderung des Wahlverfahrens schiebt der DGB vor allem den Freien Demokraten zu, die offenkundig ein Mißtrauen gegen die Gewerkschaften hätten und einen Keil zwischen Arbeitnehmer und Gewerkschaften treiben wollten. Schließlich lehnt der DGB die vorgesehene Möglichkeit ab, durch Änderung der Rechtsform sich der Montan-Mitbestimmung zu entziehen. Schon allein diese Möglichkeit sei eine entsprechende Einladung. Der Gewerkschaftsbund stellt fest: »Eine Sicherung der Montan-Mitbestimmung und ihre praktische Handhabung ist gegenwärtig offenbar am ehesten möglich, wenn durch die Einführung einer Öffnungsklausel in die Montan-Mitbestimmungsgesetze deren Anwendungsbereich durch Vereinbarungen von Unternehmen und Gewerkschaften geregelt werden kann.«

Offenbar spielt der DGB damit auch auf das Gerichtsverfahren an, wonach zur Zeit beim Oberlandesgericht Düsseldorf geprüft wird, ob die Edelstahlindustrie der Montan-Mitbestimmung unterliegt. Die Öffnungsklausel sei auch deshalb notwendig, weil die im jüngsten Koalitionskompromiß vorgesehene Bildung von Konzernbetriebsräten die Rechte der Betriebsräte verletzen würde. Einen Konzernbetriebsrat gibt es bisher nur in einem Unternehmen. Der Bonner Kompromiß sieht deshalb diese Möglichkeit vor, weil sonst im Falle Mannesmann lediglich der Betriebsrat der Obergesellschaft mit rund 500 Mitarbeitern die vier direkten Vertreter der Belegschaft im Aufsichtsrat zu bestimmen hätte, die übrigen 75 500 inländischen Mitarbeiter von Mannesmann dabei aber kein Wort zu melden hätten. Deshalb, so hatte man in Bonn vereinbart, sollte ein Konzernbetriebsrat gebildet werden, der für die Besetzung der vier Mandate zuständig wäre. Auch diese Lösung lehnt der DGB ab.

Aus: Süddeutsche Zeitung vom 7. 2. 1981

M 11
Zeittafel zur Mitbestimmung

1919
Art. 165 der Weimarer Reichsverfassung sieht die innerbetriebliche Mitbestimmung als Grundlage einer umfassenden wirtschafts- und sozialpolitischen Selbstverwaltung vor.

1920
Betriebsrätegesetz vom 4. 2. 1920: In Betrieben mit 20 und mehr Beschäftigten sind Betriebsräte zu bilden. Mitwirkungs- und Mitbestimmungsrechte in bestimmten sozialen, personellen und wirtschaftlichen Angelegenheiten.

1921
Gesetz über die Betriebsbilanz und die Betriebsgewinn- und Verlustrechnung vom 5. 2. 1921: In Unternehmen mit Aufsichtsräten sind in diese mindestens ein Betriebsratsmitglied, das voll stimmberechtigt ist, zu entsenden.

1928
Naphtali entwickelt das Konzept der »Wirtschaftsdemokratie«: Planung, Sozialisierung, Mitbestimmung vom Betrieb bis in die Spitzen der Wirtschaft, Kongreß des Allgemeinen Deutschen Gewerkschaftsbundes in Hamburg: Wirtschaftsdemokratie im Mittelpunkt der Diskussion.

1933–1945
Das »Führerprinzip« wird durchgesetzt.

1946
Betriebsrätegesetz des Alliierten Kontrollrats (Nr. 22): Die Errichtung und Tätigkeit von Betriebsräten wird gestattet.

1948–1950
In den einzelnen Ländern lösen Betriebsrätegesetze das Kontrollratsgesetz Nr. 22 ab.

1951
Gesetz über die Mitbestimmung der Arbeitnehmer in den Aufsichtsräten und Vorständen der Unternehmen des Bergbaus und der Eisen und Stahl erzeugenden Industrie vom 21. 5. 1951. Paritätische Besetzung der Aufsichtsräte und die Entsendung von Arbeitsdirektoren in die Vorstände.

1952
Betriebsverfassungsgesetz vom 11. 10. 1952: Bildung von Betriebsräten in Betrieben mit mindestens 5 Arbeitnehmern. Mitwirkungs- und Mitbestimmungsrechte in bestimmten sozialen, personellen und wirtschaftlichen Angelegenheiten. Die Aufsichtsräte werden zu einem Drittel mit Arbeitnehmervertretern besetzt.

1967–1969
Der DGB legt 1967 umfassende Vorschläge zur Änderung des Betriebsverfassungsgesetzes vor. In ihrem Mittelpunkt steht eine entscheidende Erweiterung der Mitbestimmungsrechte des Betriebsrats.

1971
Dem Deutschen Bundestag wird am 29. 1. 1971 ein Regierungsentwurf zur Änderung des Betriebsverfassungsgesetzes zugeleitet. Die CDU/CSU-Bundestagsfraktion bringt als Opposition einen eigenen Gesetzentwurf in das Parlament ein. Am 10. 11. 1971 wird das neue Betriebsverfassungsgesetz mit 264 Ja-Stimmen gegen 212 Nein-Stimmen bei 4 Enthaltungen verabschiedet.

1972
Am 18. 1. 1972 wird das neue Betriebsverfassungsgesetz im Bundesgesetzblatt verkündet. Einen Tag später tritt es in Kraft.

1976
Am 4. 5. 1976 tritt das »Gesetz über die Mitbestimmung der Arbeitnehmer« in Kraft (Mitbestimmungsgesetz 1976).

M 12
Entwurf einer Gewerbeordnung für das Deutsche Reich 1848

Artikel III
Fabrik-Ordnung.
(...)

Fabrikausschüsse.
§ 42
Jede Fabrik wählt einen Fabrikausschuß. Derselbe besteht:
a) aus einem Mitgliede jeder selbstständigen Gruppe der Fabrikarbeiter, und
b) einem Werkmeister jeder Gruppe, beide durch die Arbeiter gewählt;
c) aus dem Inhaber der Fabrik oder dem von ihm bestimmten Stellvertreter.
§ 43
Die Fabrikausschüsse haben folgende Befugnisse:
1. Vermittelung bei Streitigkeiten zwischen Arbeitgebern und Arbeitnehmern;
2. Entwerfung und Aufrechterhaltung der besonderen Fabrikordnung;
3. Einrichtung und Verwaltung der Kranken-Unterstützungskasse;
4. Überwachung der Fabrikkinder, sowohl in sittlicher Beziehung in der Fabrik selbst, als hinsichtlich des Schulbesuches;
5. Vertretung der Fabrik in den Fabrikräthen.

Fabrikräthe.
§ 44
Für jeden Gewerbebezirk wird von den Fabrikausschüssen ein Fabrikrath gewählt, in welchem alle im Bezirke befindliche Industriezweige sowohl durch Fabrikinhaber als durch Fabrikarbeiter, soweit Angelegenheiten der letzteren in Frage kommen, vertreten sein müssen.
§ 45
Dem Fabrikrathe steht zu:
1. die Genehmigung der besonderen Fabrikordnungen und die Oberaufsicht über deren Beobachtung;
2. die Festsetzung oder Vermittelung der Arbeitszeit und der Kündigungsfristen;
3. die Festsetzung der Anzahl der Lehrlinge im Verhältniß zu den selbstständigen Arbeitern, z. B. der Drucker, Formstecher etc., und die Prüfung der Lehrlinge nach beendigter Lehrzeit;
4. die Aufsicht über die Kranken-Unterstützungskassen der Fabriken;
5. die Entwerfung der Statuten der Fabrik-Pensionskassen und deren Verwaltung, unter Genehmigung und Oberaufsicht der Gewerbekammer;
6. die Vertretung der Fabrikinteressen des Bezirks bei der Gewerbekammer des Kreises.

Fabrikschiedsgerichte.
§ 46
In jedem Gewerbebezirk wird ein Fabrikschiedsgericht eingesetzt, das aus der Wahl des Fabrikrathes hervorgehen und dem ein Rechtskundiger vorsitzen muß. Die Landesgesetzgebung bestimmt darüber das Nähere.
Dem Fabrikgericht steht die Entscheidung von Streitigkeiten der Arbeitgeber und Arbeitnehmer unter sich und mit einander zu.

M 13
Betriebsrätegesetz. Vom 4. Februar 1920 (Auszug)

§ 66
Der Betriebsrat hat die Aufgabe:
1. in Betrieben mit wirtschaftlichen Zwecken die Betriebsleitung durch Rat zu unterstützen, um dadurch mit ihr für einen möglichst hohen Stand und für möglichste Wirtschaftlichkeit der Betriebsleistungen zu sorgen;
2. in Betrieben mit wirtschaftlichen Zwecken an der Einführung neuer Arbeitsmethoden fördernd mitzuarbeiten;
3. den Betrieb vor Erschütterungen zu bewahren, insbesondere vorbehaltlich der Befugnisse der wirtschaftlichen Vereinigungen der Arbeiter und Angestellten (§ 8), bei Streitigkeiten des Betriebsrats, der Arbeitnehmerschaft, einer Gruppe oder eines ihrer Teile mit dem Arbeitgeber, wenn durch Verhandlungen keine Einigung zu erzielen ist, den Schlichtungsausschuß oder eine vereinbarte Einigungs- oder Schiedsstelle anzurufen;
4. darüber zu wachen, daß die in Angelegenheiten des gesamten Betriebs von den Beteiligten anerkannten Schiedssprüche eines Schlichtungsausschusses oder einer vereinbarten Einigungs- oder Schiedsstelle durchgeführt werden;
5. für die Arbeitnehmer gemeinsame Dienstvorschriften und Änderungen derselben im Rahmen der geltenden Tarifverträge nach Maßgabe des § 75 mit dem Arbeitgeber zu vereinbaren;
6. das Einvernehmen innerhalb der Arbeitnehmerschaft sowie zwischen ihr und dem Arbeitgeber zu fördern und für Wahrung der Vereinigungsfreiheit der Arbeitnehmerschaft einzutreten;
7. Beschwerden des Arbeiter- und Angestelltenrats entgegenzunehmen und auf ihre Abstellung in gemeinsamer Verhandlung mit dem Arbeitgeber hinzuwirken;
8. auf die Bekämpfung der Unfall- und Gesundheitsgefahren im Betriebe zu achten, die Gewerbeaufsichtsbeamten und die sonstigen in Betracht kommenden Stellen bei dieser Bekämpfung durch Anregungen, Beratung und Auskunft zu unterstützen sowie auf die Durchführung der gewerbepolizeilichen Bestimmungen und der Unfallverhütungsvorschriften hinzuwirken;
9. an der Verwaltung von Pensionskassen und Werkswohnungen sowie sonstiger Betriebswohlfahrtseinrichtungen mitzuwirken; bei letzteren jedoch nur, sofern nicht bestehende für die Verwaltung maßgebende Satzungen oder bestehende Verfügungen von Todes wegen entgegenstehen oder eine anderweitige Vertretung der Arbeitnehmer vorsehen.

§ 68
Bei der Wahrnehmung seiner Aufgaben hat der Betriebsrat dahin zu wirken, daß von beiden Seiten Forderungen und Maßnahmen unterlassen werden, die das Gemeininteresse schädigen.

§ 69
Die Ausführung der gemeinsam mit der Betriebsleitung gefaßten Beschlüsse übernimmt die Betriebsleitung. Ein Eingriff in die Betriebsleitung durch selbständige Anordnungen steht dem Betriebsrat nicht zu.

§ 70
In Unternehmungen, für die ein Aufsichtsrat besteht und nicht auf Grund anderer Gesetze eine gleichartige Vertretung der Arbeitnehmer im Aufsichtsrate vorgesehen ist, werden nach Maßgabe eines besonderen hierüber zu erlassenden Gesetzes ein oder zwei Betriebsratsmitglieder in den Aufsichtsrat entstandt, um die Interessen und Forderungen der Arbeitnehmer sowie deren Ansichten und Wünsche hinsichtlich der Organisation des Betriebes zu vertreten. Die Vertreter haben in allen Sitzungen des Aufsichtsrats Sitz und Stimme, erhalten jedoch keine andere Vergütung als eine Aufwandsentschädigung. Sie sind verpflichtet, über die ihnen gemachten vertraulichen Angaben Stillschweigen zu bewahren.

§ 71
Zur Erfüllung seiner Aufgaben hat der Betriebsrat in Betrieben mit wirtschaftlichen Zwecken das Recht, vom Arbeitgeber zu verlangen, daß er dem Betriebsausschuß, oder, wo ein solcher nicht besteht, dem Betriebsrat, soweit dadurch keine Betriebs- oder Geschäftsgeheimnisse gefährdet werden und gesetzliche Bestimmungen nicht entgegenstehen, über alle den Dienstvertrag und die Tätigkeit der Arbeitnehmer berührenden Betriebsvorgänge Aufschluß gibt und die Lohnbücher und die zur Durchführung von bestehenden Tarifverträgen erforderlichen Unterlagen vorlegt.
Ferner hat der Arbeitgeber vierteljährlich einen Bericht über die Lage und den Gang des Unternehmens und des Gewerbes im allgemeinen und über die Leistungen des Betriebs und den zu erwartenden Arbeitsbedarf im besonderen zu erstatten.
Die Mitglieder des Betriebsausschusses oder des Betriebsrats sind verpflichtet, über die ihnen vom Arbeitgeber gemachten vertraulichen Angaben Stillschweigen zu bewahren.

§ 72
In Betrieben, deren Unternehmer zur Führung von Handelsbüchern verpflichtet sind und die in der Regel mindestens 300 Arbeitnehmer oder 50 Angestellte im Betriebe beschäftigen, können die Betriebsräte verlangen, daß den Betriebsausschüssen oder, wo solche nicht bestehen, den Betriebsräten alljährlich vom 1. Januar 1921 ab nach Maßgabe eines hierüber zu erlassenden Gesetzes eine Betriebsbilanz und eine Betriebs-Gewinn- und Verlustrechnung für das verflossene Geschäftsjahr spätestens sechs Monate nach Ablauf des Geschäftsjahrs zur Einsichtnahme vorgelegt und erläutert wird.
Die Mitglieder des Betriebsausschusses oder des Betriebsrats sind verpflichtet, über die ihnen vom Arbeitgeber gemachten vertraulichen Angaben Stillschweigen zu bewahren.

§ 73
Die §§ 70 und 72 finden auf die im § 67 genannten Betriebe keine Anwendung, soweit die Eigenart des Betriebs es bedingt.
Von der Verpflichtung der §§ 70 und 72 können Unternehmungen oder Betriebe auf ihren Antrag durch die Reichsregierung befreit werden, wenn wichtige Staatsinteressen dies erfordern.

§ 74
Wird infolge von Erweiterung, Einschränkung oder Stillegung des Betriebs oder infolge von Einführung neuer Techniken oder neuer Betriebs- oder Arbeitsmethoden die Einstellung oder die Entlassung einer größeren Zahl von Arbeitnehmern erforderlich, so ist der Arbeitgeber verpflichtet, sich mit dem Betriebsrat, an dessen Stelle, wenn dabei vertrauliche Mitteilungen gemacht werdenn müssen, der etwa vorhandene Betriebsausschuß tritt, möglichst längere Zeit vorher über Art und Umfang der erforderlichen Einstellungen und Entlassungen und über die Vermeidung von Härten bei letzteren ins Benehmen zu setzen. Der Betriebsrat oder der Betriebsausschuß kann eine entsprechende Mitteilung an die Zentralauskunftsstelle oder einen von dieser bezeichneten Arbeitsnachweis verlangen.

§ 77
Ein von dem Betriebsrat bestimmtes Mitglied ist bei Unfalluntersuchungen, die vom Arbeitgeber, dem Gewerbeaufsichtsbeamten oder sonstigen in Betracht kommenden Stellen im Betriebe vorgenommen werden, zuzuziehen.

M 14
Gesetz über die Entsendung von Betriebsratsmitgliedern in den Aufsichtsrat. Vom 15. Februar 1922 (Auszug)

Der Reichstag hat das folgende Gesetz beschlossen, das mit Zustimmung des Reichsrats hiermit verkündet wird:

§ 1
Aufsichtsrat im Sinne des § 70 des Betriebsrätegesetzes ist ohne Rücksicht auf die Bezeichnung im Gesellschaftsvertrage das
    im Handelsgesetzbuch,
    im Gesetze, betreffend die Gesellschaften mit beschränkter Haftung,
    im Gesetze, betreffend die Erwerbs- und Wirtschaftsgenossenschaften,
    im Gesetze über die privaten Versicherungsunternehmungen,
    in den Berggesetzen
als Aufsichtsrat bezeichnete Organ der Aktiengesellschaft, der Kommanditgesellschaft auf Aktien, der Gesellschaft mit beschränkter Haftung, der eingetragenen Genossenschaft, des Versicherungsvereins auf Gegenseitigkeit und der bergrechtlichen Gewerkschaft.
(...)

§ 3
Soweit nicht im Betriebsrätegesetz und im folgenden etwas anderes bestimmt ist, finden auf die in den Aufsichtsrat entsandten Betriebsratsmitglieder die gesetzlichen Bestimmungen Anwendung, welche für die übrigen Aufsichtsratsmitglieder gelten.

§ 4
Zwei Betriebsratsmitglieder sind zu entsenden, wenn nach dem zur Zeit der Anberaumung der Wahl geltenden Gesellschaftsvertrage (Statut, Satzung) mehr als drei Aufsichtsratsmitglieder gewählt werden können oder beide Arbeitnehmergruppen (Arbeiter und Angestellte) im Wahlkörper (§ 5) vertreten sind. In allen übrigen Fällen ist eines zu entsenden.
Zum Ersatz ausscheidender Mitglieder sollen für jedes in den Aufsichtsrat zu entsendende Mitglied zwei Ersatzmitglieder gewählt werden.

§ 5
Wahlkörper für die Entsendung der Betriebsratsmitglieder ist bei Körperschaften mit einem Einzelbetriebsrat oder einem Gesamtbetriebsrate dieser, in solchen mit mehreren Einzelbetriebsräten die Gesamtheit dieser, auch wenn sie zum Teil zu einem Gesamtbetriebsrate zusammengeschlossen sind.
Wählbar sind alle Mitglieder des Wahlkörpers, die am Tage der Wahl ein Jahr von der Körperschaft beschäftigt und nicht in den letzten zwei Jahren durch Beschluß gemäß § 39 des Betriebsrätegesetzes abgesetzt worden sind. Das Erfordernis der einjährigen Beschäftigung entfällt, soweit nicht wählbare Personen in vierfacher Zahl der zu wählenden Mitglieder vorhanden sind.
(...)

§ 6
Die Wahl findet geheim und mit Stimmenmehrheit einheitlich durch den ganzen Wahlkörper statt.
Sind zwei Mitglieder zu wählen, so kann die Minderheitsgruppe der Arbeitnehmer (§ 16 des Betriebsrätegesetzes), sofern ihr mindestens zwei Mitglieder des Wahlkörpers angehören, mit Stimmenmehrheit oder Stimmengleichheit die Entsendung eines Vertreters ihrer Gruppe beschließen; alsdann findet eine getrennte Wahl durch jede der beiden Arbeitnehmergruppen statt.
Wiederwahl ist zulässig.
Das Nähere über das Wahlverfahren bestimmt der Reichsarbeitsminister.

§ 7
Die Mitgliedschaft im Aufsichtsrat endet ausschließlich durch Rücktritt oder durch Verlust der Zugehörigkeit zum Betriebsrat, dem das Mitglied angehört.
(...)

§ 10
Das Gesetz findet auch auf die im § 62 des Betriebsrätegesetzes bezeichneten Betriebsvertretungen Anwendung, wenn die Vertretung für die Betriebe nur einer Körperschaft errichtet ist und aus Arbeitnehmern dieser Körperschaft besteht.

§ 11
Das Gesetz tritt am 1. Februar 1922 in Kraft. Die ersten Wahlen sind binnen drei Monaten nach Inkrafttreten einzuleiten.

Berlin, den 15. Februar 1922.

M 15
Gesetz Nr. 22: Betriebsrätegesetz von 1946 (Auszug)

Der Kontrollrat hat das folgende Gesetz beschlossen:

Artikel I
Zur Wahrnehmung der beruflichen, wirtschaftlichen und sozialen Interessen der Arbeiter und Angestellten in den einzelnen Betrieben wird hiermit die Errichtung und Tätigkeit von Betriebsräten in ganz Deutschland gestattet.

Artikel II
1. Der Betriebsrat eines Betriebes ist lediglich aus dem Kreise von Personen zu bilden, die tatsächlich in diesem Betriebe tätig sind.
2. Funktionäre der früheren Deutschen Arbeitsfront oder Mitglieder der Nationalsozialistischen Partei können nicht Mitglieder des Betriebsrats sein.

Artikel III
1. Die Wahl der Mitglieder des Betriebsrats muß unter Anwendung demokratischer Grundsätze und mittels geheimer Abstimmung erfolgen.
2. Die Mitglieder des Betriebsrats üben ihr Amt für höchstens ein Jahr aus, jedoch ist Wiederwahl zulässig.

Artikel V
1. Soweit nicht anderweitige gesetzliche Regelungen oder Beschränkungen bestehen, hat der Betriebsrat grundsätzlich die folgenden, den Schutz der Interessen der Arbeiter und Angestellten eines Betriebes betreffenden Aufgaben:
 a) mit den Arbeitgebern über Anwendung der Tarif-(Kollektiv-)Verträge und der internen Betriebsordnung auf die einzelnen Betriebe zu verhandeln;
 b) mit den Arbeitgebern über Vereinbarungen für den Erlaß von Betriebsordnungen zum Zwecke des Arbeitsschutzes, einschließlich der in das Gebiet der Unfallverhütung, ärztlichen Betreuung, betriebshygienischen und sonstigen Arbeitsbedingungen, Regelung von Einstellungen und Entlassungen und Abstellung von Beschwerden fallenden Angelegenheiten, zu verhandeln;
 c) dem Arbeitgeber Vorschläge für die Verbesserung der Arbeitsmethoden und Produktionsweise zur Vermeidung von Arbeitslosigkeit zu unterbreiten;
 d) Beschwerden zu untersuchen und mit dem Arbeitgeber zu besprechen, Arbeiter, Angestellte und Gewerkschaften bei der Vorbereitung von Fällen, die den Gewerbeaufsichtsbeamten, den Sozialversicherungs- und Arbeitsschutzbehörden, den Arbeitsgerichten und anderen Behörden, die für die Schlichtung von Arbeitsstreitigkeit zuständig sind, unterbreitet werden sollen, behilflich zu sein;
 e) mit den Behörden bei der Verhinderung aller Rüstungsindustrie und bei der Denazifizierung von öffentlichen und privaten Betrieben zusammenzuarbeiten;
 f) an der Schaffung und Leitung von sozialen Einrichtungen, die der Wohlfahrt der Arbeiter eines Betriebes dienen sollen, unter Einschluß von Kinderheimen, ärztlicher Fürsorge, Sport und ähnlichen Einrichtungen, mitzuwirken.
2. Die Betriebsräte bestimmen im Rahmen dieses Gesetzes selbst ihre Aufgaben im einzelnen und die dabei zu befolgenden Verfahren.

Artikel IX
Der Arbeitgeber darf weder die Errichtung von Betriebsräten in seinem Betriebe verhindern noch deren Tätigkeit stören oder Mitglieder des Betriebsrates benachteiligen.

Artikel X
Die Behörden der Militärregierung können Betriebsräte auflösen, wenn deren Tätigkeit den Zielen der Besatzungsmächte entgegengerichtet ist oder gegen Bestimmungen dieses Gesetzes verstößt.

M 16
Betriebsrätegesetz für das Land Hessen 1948 (Auszug)

**Betriebsrätegesetz für das Land Hessen
vom 31. Mai 1948**

§ 30
(1) *) Der Betriebsrat ist verantwortlicher Träger des Mitbestimmungsrechtes gemäß Artikel 37 Absatz 2 der Hessischen Verfassung. Er ist berufen, nach Maßgabe dieses Gesetzes im Benehmen mit den Gewerkschaften gleichberechtigt mit dem Arbeitgeber in sozialen, personellen und wirtschaftlichen Fragen mitzubestimmen.

§ 37
(1) Der Betriebsrat hat das Recht der Mitbestimmung in personellen Fragen bei Einstellungen, Entlassungen, Wiedereinstellungen, Ernennungen, Beförderungen, Umgruppierungen, Versetzungen und hinsichtlich der Werkschulen und Berufsausbildung.

§ 52*
(1) Das Mitbestimmungsrecht des Betriebsrats in wirtschaftlichen Fragen erstreckt sich auf folgende Aufgaben:
a) Änderung des Betriebszwecks und Veränderungen in den Betriebsanlagen, die geeignet sind, die Beschäftigungsverhältnisse der Arbeitnehmer des Betriebes wesentlich umzustellen.
b) Entscheidungen, die geeignet sind, durch Umstellung in dem Einkauf, der Erzeugung oder dem Absatz die Grundlagen des Betriebs wesentlich zu verändern.
c) Einführung grundlegend neuer Arbeitsmethoden.
d) Wesentliche Änderung des Betriebsumfanges bei Betriebseinschränkungen, Verschmelzungen und Betriebsstillegungen.
(2) Bei der Aufstellung des Arbeits- und Erzeugungsplanes hat der Betriebsrat mitzuwirken.
(3) Das Mitbestimmungsrecht des Betriebsrats in wirtschaftlichen Fragen erstreckt sich nicht auf die Geschäfte der laufenden Verwaltung sowie auf Handlungen, die der Betrieb gewöhnlich mit sich bringt.

* Gemäß Befehl der Militärregierung suspendiert

M 17
Historische Stellungnahmen zur Mitbestimmung

Historische Stellungnahmen zur Mitbestimmung

»Schließlich erklären wir unsere aufrichtige Bereitwilligkeit, den Belegschaften und den Gewerkschaften volle Mitwirkungsrechte einzuräumen. Wir wollen uns den Forderungen einer neuen Zeit nicht verschließen und stimmen einer Beteiligung auch der Arbeitnehmerschaft an der Planung und Lenkung sowie an den Aufsichtsorganen für die großen Erwerbsgesellschaften der Eisen- und Stahlindustrie voll und ganz zu.«

Dr. Reusch (Gute Hoffnungshütte AG), Dr. Jarres (Klöckner-Werke AG) und Dr. Hehemann (Otto Wolff) am 21. Januar 1947 in einem Brief an das Verwaltungsamt für Wirtschaft in Minden.

*

»Wir wollen Beteiligung der Arbeiterschaft an Führung und Verantwortung, und zwar nicht nur im Rahmen der Selbstverwaltungskörperschaften, sondern auch in großen anonymen Kapitalgesellschaften, in denen das Eigentumsrecht mehr oder weniger an Einfluß nach dem Direktionsrecht zurückgetreten ist.«

Dr. Konrad Adenauer am 7. April 1946.

*

»Das kapitalistische Wirtschaftssystem ist den staatlichen und sozialen Lebensinteressen des deutschen Volkes nicht gerecht geworden. Nach dem furchtbaren wirtschaftlichen, politischen und sozialen Zusammenbruch als Folge einer verbrecherischen Machtpolitik kann nur eine Neuordnung von Grund aus erfolgen...
Unternehmungen monopolartigen Charakters, Unternehmungen, die eine bestimmte Größe überschreiten müssen, verleihen eine wirtschaftliche und damit eine politische Macht, die die Freiheit im Staat gefährden kann... Monopolartigen Charakter haben die Kohlenbergwerke... Sie sind somit zu vergesellschaften... Auch bei der eisenschaffenden Großindustrie ist der Weg der Vergesellschaftung zu beschreiten...
In den Betrieben, in denen wegen ihrer Größe das Verhältnis zwischen Arbeitnehmer und Unternehmer nicht nur auf einer persönlichen Grundlage beruht, ist ein Mitbestimmungsrecht der Arbeitnehmer an den grundlegenden Fragen der wirtschaftlichen Planung und sozialen Gestaltung sicherzustellen.«

Ahlener Programm der CDU der britischen Zone vom Februar 1947.

*

»Eine sozialistische Wirtschaft durch planmäßige Lenkung und gemeinwirtschaftliche Gestaltung. Entscheidend für Umfang, Richtung und Verteilung der Produktion darf nur das Interesse der Allgemeinheit sein. . . . Die Vergesellschaftung der Produktionsmittel erfolgt auf verschiedene Weise und in verschiedenen Formen.«

Politische Leitsätze der Sozialdemokratischen Partei vom Mai 1946.

*

». . . das Mitbestimmungsrecht aller Mitarbeitenden (ist) bei sozialen, personellen und wirtschaftlichen Fragen ein natürliches Recht in gottgewollter Ordnung. . . ., dem die Mitverantwortung aller entspricht. Wir fordern eine gesetzliche Festlegung. Nach dem Vorbild fortschrittlicher Betriebe muß schon jetzt mit seiner Verwirklichung begonnen werden.«

Schlußresolution des Bochumer Katholikentages 1949.

*

»Der Rat der Evangelischen Kirche in Deutschland spricht sein freudiges Ja zur Mitbestimmung des Arbeitnehmers in der Wirtschaft. Der Sinn des Mitbestimmungsrechtes ist die Überwindung des bloßen Lohnarbeitsverhältnisses und das Ernstnehmen des Arbeiters als Mensch und Mitarbeiter.«

Rat der Evangelischen Kirche in Deutschland am 25. August 1952.

Aus: Gewerkschaften und Mitbestimmung, S. 305

M 18
Rundfunkansprache Hans Böcklers von 1951

»Wir sind stets zukunftsfreudig«

Am 30. Januar vor 30 Jahren erkämpften die Gewerkschaften ein Faustpfand der Wirtschaftsdemokratie: die Montan-Mitbestimmung. Über die Rundfunkanstalten gab der damalige DGB-Vorsitzende Hans Böckler den Sieg der Arbeitnehmer bekannt. Er sagte unter anderem:
In allen Betrieben der Eisen- und Stahlindustrie und im Bergbau wird am 1. Februar gearbeitet werden.
Die von den Arbeitern und Angestellten der Metallindustrie ausgesprochenen Kündigungen gelten als zurückgenommen. Der Streik im Bergbau wird nicht durchgeführt ...
Nach dem Erlaß eines Gesetzes werden die Aufsichtsräte in den beiden Grundstoffindustrien künftig paritätisch besetzt sein. Außerdem erhält jeder Betrieb einen Arbeitsdirektor als gleichberechtigtes Vorstandsmitglied. Damit ist in der Stahl- und Eisenindustrie und im Bergbau ein erster Schritt auf dem Wege zur Neuordnung der deutschen Wirtschaft getan.
Die übrigen Wirtschaftszweige werden folgen müssen.
Wir wissen, es war für viele nicht leicht, ein Arbeitsverhältnis, das zehn, fünfzehn oder zwanzig Jahre und länger bestanden hat, zu kündigen. Nahezu 200 000 Menschen in der Stahl- und Eisenindustrie haben dennoch diesen Schritt getan, und weitere Hunderttausende von Arbeitern und Angestellten des Bergbaues waren bereit, ebenfalls die Arbeit niederzulegen, wenn ihnen ihr Recht noch länger verweigert worden wäre.
Die Gewerkschaftsleitungen wußten auch, daß die Familienangehörigen sich ernsthafte und bange Sorgen machten, was im Falle einer Arbeitsniederlegung am 1. Februar werden soll. Daß nahezu 800 000 trotzdem bereit waren, ihren Arbeitsplatz zu verlassen, das bekundet, wie tief das Verlangen in unserem Volke nach gleichberechtigter Anerkennung der arbeitenden Menschen in der Wirtschaft Wurzel geschlagen hat ...
Nicht der Wille zur Macht hat die Gewerkschaften, wie man ihnen böswillig unterstellt, bestimmt, eine gleichberechtigte Stellung für die Arbeitnehmer in der Wirtschaft zu fordern, sondern vor allem die Erkenntnis, daß der politischen Demokratie, soll sie nicht ein weiteres Mal zum Nachteil des Volkes und der ganzen Welt mißbraucht werden, die wirtschaftliche Demokratie zur Seite gestellt werden muß.
Daneben beseelt die arbeitenden Schichten der ernste Wille, dem Kapital mindestens gleichgestellt zu werden.
Denn die Arbeitskraft ist die Quelle allen Wohlstandes in der Welt. Sie allein vermag Kapital zu erzeugen und sie ganz allein muß es beleben, um es überhaupt wirksam werden zu lassen.
In diesem Zusammenhang sei mir gestattet, die verleumderischen Behauptungen, der Weg der Mitbestimmung müsse zwangsläufig zu Konzentrationslagern, zu persönlicher und politischer Unfreiheit führen, mit allem Nachdruck zurückzuweisen.
Das Gegenteil ist richtig!
»Vor dem Sklaven, wenn er die Ketten bricht, vor dem freien Mann erzittert nicht!«

Ein politisch freier Mensch, ein Wirtschaftsbürger, wie wir ihn schaffen wollen, wird niemals Konzentrationslager und Unfreiheit dulden.
Darum sind wir Gewerkschaftler stets zukunftsfreudig!
Mit der jetzt getroffenen Regelung ist freilich erst in einem Teil der Wirtschaft, wenn auch in einem entscheidenden und wichtigen, ein Fortschritt in der Richtung des Mitbestimmungsrechtes erzielt...
Die großen Ziele werden erreicht, die mannigfaltigen Aufgaben werden gemeistert werden, wenn die deutschen Gewerkschaften sich die endlich gewonnene Einheit bewahren.
Wer es deshalb unternehmen wollte, sei es aus weltanschaulichen, parteipolitischen oder selbstsüchtigen Motiven, diese Einheit zu stören, wird auf den geschlossenen Widerstand der organisierten deutschen Arbeitnehmerschaft stoßen.
Sie alle wissen: Vereinzelt sind wir nichts, vereint sind wir alles!
So ist ein herzhafter Anfang gemacht!
Im Vertrauen auf die Kraft unserer großen und starken Organisation und in der Gewißheit, daß das Recht auf unserer Seite ist, blicken wir deshalb mit aller Zuversicht dem Kommenden entgegen.

Aus: Metall vom 21. 2. 1981

M 19
DGB-Grundsatzprogramme 1949, 1963, 1981 zur Mitbestimmung

Wirtschaftspolitische Grundsätze des DGB
beschlossen auf dem Gründungskongreß des DGB 1949

Grundsatzforderungen:
...
II. Mitbestimmung der organisierten Arbeitnehmer in allen personellen, wirtschaftlichen und sozialen Fragen der Wirtschaftsführung und Wirtschaftsgestaltung.

3. Demokratisierung der Wirtschaft notwendig
Die Erfahrungen der Jahre 1918 bis 1933 haben gelehrt, daß die formale politische Demokratie nicht ausreicht, eine echte demokratische Gesellschaftsordnung zu verwirklichen. Die Demokratisierung des politischen Lebens muß deshalb durch die Demokratisierung der Wirtschaft ergänzt werden. Soweit der Staat im Interesse einer vernünftigen Dezentralisierung öffentliche Funktionen auf Organe der Selbstverwaltung der Wirtschaft überträgt, dürfen dies nur paritätisch besetzte Organe sein, in denen Arbeitnehmer und Unternehmer gleichberechtigt sind.
Die Betriebe als Zellen der Volkswirtschaft arbeiten nicht zum Selbstzweck, sondern müssen auf das gemeinsame Wohl der gesamten Bevölkerung abgestellt sein. Ihre Existenz ist nicht in erster Linie eine Frage des vorhandenen Kapitals, sondern entscheidend abhängig vom Faktor Arbeit. Das Kapital kann nur durch die Arbeit des Menschen eine nützliche und wirksame Rolle spielen; es kann deshalb in den Betrieben nicht alleinbestimmend sein. Wir fordern daher die verantwortliche soziale, personelle und wirtschaftliche Mitbestimmung der Arbeitnehmer in allen Betrieben der Wirtschaft.
Die Entwicklung unseres Gesellschaftsrechtes hat im übrigen gezeigt, daß bei den Großunternehmungen der Kapitalträger – oft aufgeteilt in Tausende von Aktionären – nicht mehr in der Lage und gewillt ist, die Unternehmungen unmittelbar zu beeinflussen, sondern die Leitung immer mehr angestellten Direktoren überlassen hat, die deshalb heute in der Großindustrie die entscheidende Rolle spielen. Die Gewerkschaften verlangen daher, daß die Aufsichts- und Verwaltungsorgane der Großindustrie nicht mehr ausschließlich durch die Vertreter des Kapitals bestimmt, sondern daß Vertreter der Arbeitnehmerschaft durch ihre gewerkschaftlichen Organisationen maßgeblich eingeschaltet werden.
Eine demokratische Führung der Wirtschaft darf nicht durch privatwirtschaftliche kartell- und monopolartige Einrichtungen und Abreden untergraben werden. Daher wird die staatliche Kontrolle derartiger Gebilde unter Beteiligung der Gewerkschaften gefordert.
Die Sicherung einer demokratischen Wirtschaftsverfassung ist nicht nur eine Frage der Wirtschaftsordnung, sondern ebensosehr eine Frage der vorbehaltlosen, schnellen Unterrichtung der Öffentlichkeit über alle entscheidenden wirtschaftlichen Zustände und Vorgänge. Die Kenntnis dieser Zusammenhänge darf nicht das Monopol einer kleinen Gruppe wirtschaftlicher Machthaber sein. Die Gewerkschaften fordern deshalb

eine wesentlich erweiterte Publizität der wirtschaftspolitischen und wirtschaftspraktischen Arbeit von Verwaltung, Wirtschaft und Finanz durch Statistik, ausführliche Bilanzveröffentlichungen und sonstige geeignete Maßnahmen.

Grundsatzprogramm 1963

Präambel
...
Die Gewerkschaften kämpfen um die Ausweitung der Mitbestimmung der Arbeitnehmer. Damit wollen sie eine Umgestaltung von Wirtschaft und Gesellschaft einleiten, die darauf abzielt, alle Bürger an der wirtschaftlichen, kulturellen und politischen Willensbildung gleichberechtigt teilnehmen zu lassen.
...

Wirtschaftspolitische Grundsätze
...
Die paritätische Mitbestimmung der Arbeitnehmer muß bei allen wirtschaftlichen, sozialen und personellen Entscheidungen gesichert sein. Sie muß in privaten, öffentlichen und gemeinwirtschaftlichen Unternehmen gelten.
Zu ihrer Sicherung
- sind die betrieblichen Mitbestimmungsrechte auszubauen,
- sind bei allen Großunternehmen – unabhängig von ihrer Rechtsform – Aufsichtsräte zu bilden, die paritätisch aus Vertretern der Anteilseigner und der Arbeitnehmer zusammengesetzt sind,
- ist in die Vorstände und Geschäftsführungen aller Großunternehmen mindestens ein Mitglied zu berufen, das nicht gegen die Mehrheit der Stimmen der Arbeitnehmervertreter im Aufsichtsrat bestellt weren kann.

Die überbetriebliche Mitbestimmung muß in paritätisch aus Arbeitnehmervertretern und Unternehmensvertretern besetzten Organen verwirklicht werden.
...

Grundsatzprogramm 1981

Präambel
...
Die Gewerkschaften kämpfen um die Ausweitung der Mitbestimmung der Arbeitnehmer. Damit wollen sie eine Umgestaltung von Wirtschaft und Gesellschaft einleiten, die die Arbeitnehmer an den wirtschaftlichen, sozialen und kulturellen Entscheidungen gleichberechtigt beteiligt.
...

8. Mitbestimmung
Die Mitbestimmung der Arbeitnehmer muß bei allen wirtschaftlichen, sozialen und personellen Entscheidungen gesichert sein. Sie muß in privaten, öffentlichen und gemeinwirtschaftlichen Unternehmen gelten.
Dazu gehören
– der Ausbau der betrieblichen Mitbestimmungsrechte;
– die Schaffung einer allgemeinen Mitbestimmungsregelung für alle Großunternehmen unabhängig von ihrer Rechtsform, die mindestens der geltenden Montanmitbestimmung entspricht. Dieses seit Jahrzehnten erfolgreich praktizierte Mitbestimmungsmodell bleibt Grundlage der gewerkschaftlichen Forderung nach qualifizierter Mitbestimmung. Parität im Aufsichtsrat, einheitliche Arbeitnehmervertretung, gleichberechtigte Beteiligung außerbetrieblicher Arbeitnehmervertreter und ein Arbeitsdirektor, der vom Vertrauen der Arbeitnehmer und ihrer Gewerkschaften getragen wird, haben sich bewährt. Voraussetzung für den Ausbau der Unternehmensmitbestimmung ist die Sicherung der geltenden Montanmitbestimmung gegen alle Aushöhlungs- und Demontageversuche der Unternehmer;
– die Neuordnung der Unternehmensverfassung durch ein Unternehmensrecht, das die Rechte der mitbestimmten Organe stärkt und die volle Parität von Kapital und Arbeit in allen wichtigen Entscheidungsprozessen der Unternehmen gewährleistet;
– umfassende Möglichkeiten der Gewerkschaften zum Abschluß von Mitbestimmungsvereinbarungen mit den Unternehmen.
Die Mitbestimmung in den Betrieben und Verwaltungen im Bereich des öffentlichen Dienstes und der öffentlich-rechtlichen sowie konfessionellen, karitativen, erzieherischen, wissenschaftlichen und kulturellen Einrichtungen ist zu verwirklichen. Die Vertreter der Beschäftigten müssen dabei gleichberechtigt und gleichgewichtig an den Entscheidungen beteiligt werden. Die Rechte der politischen Organe bleiben davon unberührt.
Die Mitbestimmung im gesamtwirtschaftlichen Bereich ist zu verwirklichen. Dazu sind in Bund und Ländern sowie auf regionaler Ebene paritätisch mit Vertretern der Arbeitnehmer und der Arbeitgeber besetzte Wirtschafts- und Sozialräte zu errichten.
Diese Grundsätze der wirtschaftlichen Mitbestimmung sind nicht nur in der Bundesrepublik Deutschland, sondern auch in der Europäischen Gemeinschaft zu verwirklichen. Darüber hinaus sind Regelungen für multinationale Unternehmen anzustreben, die diesen Grundsätzen entsprechen und eine sozial verpflichtete Unternehmenspolitik sichern.

M 20
Schaubilder: Mitbestimmungsgesetze 1951, 1956, 1976

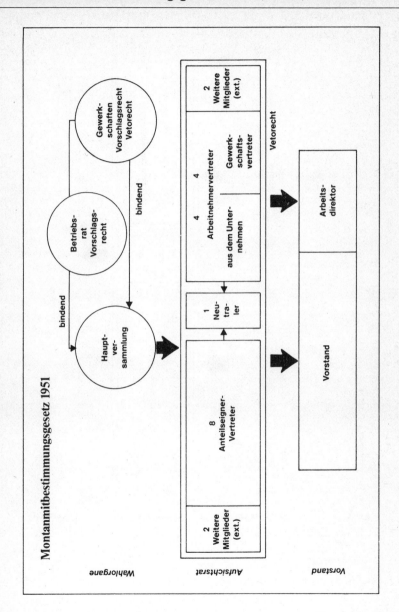

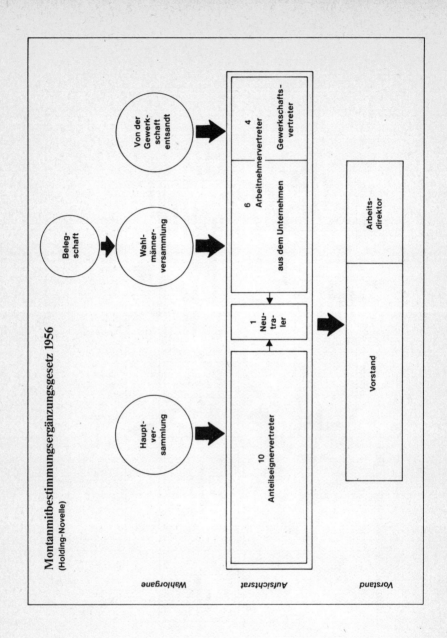

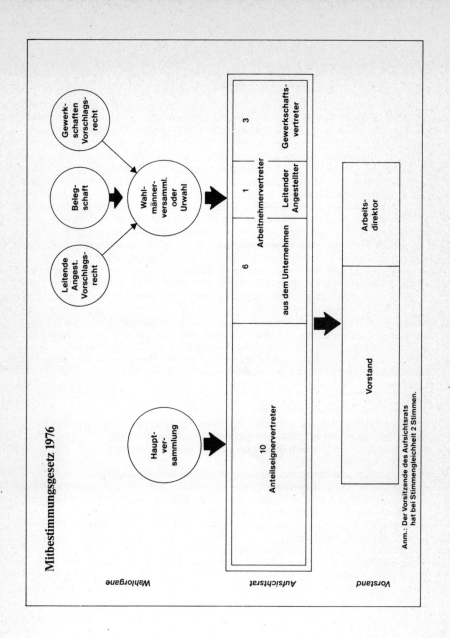

M 21
Montan-Mitbestimmungsgesetz. Vom 21. Mai 1951 (Auszug)

§ 1
(1) *(Kreis der dem Gesetz unterliegenden Unternehmen)*
Die Arbeitnehmer haben ein Mitbestimmungsrecht in den Aufsichtsräten und in den zur gesetzlichen Vertretung berufenen Organen nach Maßgabe dieses Gesetzes in
a) den Unternehmen, deren überwiegender Betriebszweck in der Förderung von Steinkohle, Braunkohle oder Eisenerz oder in der Aufbereitung, Verkokung, Verschwelung oder Brikettierung dieser Grundstoffe liegt und deren Betrieb unter der Aufsicht der Bergbehörden steht,
b) den Unternehmen der Eisen und Stahl erzeugenden Industrie in dem Umfang, wie er in Gesetz Nr. 27 der Alliierten Hohen Kommission vom 16. Mai 1950 (Amtsblatt der Alliierten Hohen Kommission für Deutschland S. 299) bezeichnet ist, soweit diese Unternehmen in »Einheitsgesellschaften« im Sinne des Gesetzes Nr. 27 überführt oder in anderer Form weiterbetrieben und nicht liquidiert werden,
c) den Unternehmen, die von einem vorstehend bezeichneten oder nach Gesetz Nr. 27 der Alliierten Hohen Kommission zu liquidierenden Unternehmen abhängig sind, wenn sie die Voraussetzungen nach Buchstabe a erfüllen oder überwiegend Eisen und Stahl erzeugen.
(2) *(Rechtsformen)* Dieses Gesetz findet nur auf diejenigen in Abs. 1 bezeichneten Unternehmen Anwendung, welche in Form einer Aktiengesellschaft, einer Gesellschaft mit beschränkter Haftung oder einer bergrechtlichen Gewerkschaft mit eigener Rechtspersönlichkeit betrieben werden und in der Regel mehr als eintausend Arbeitnehmer beschäftigen oder »Einheitsgesellschaften« sind.

§ 4
Zusammensetzung des Aufsichtsrats
(1) Der Aufsichtsrat besteht aus elf Mitgliedern. Er setzt sich zusammen aus
a) vier Vertretern der Anteilseigner und einem weiteren Mitglied,
b) vier Vertretern der Arbeitnehmer und einem weiteren Mitglied,
c) einem weiteren Mitglied.
(2) Die in Abs. 1 bezeichneten weiteren Mitglieder dürfen nicht
a) Repräsentant einer Gewerkschaft oder einer Vereinigung der Arbeitgeber oder einer Spitzenorganisation dieser Verbände sein oder zu diesen in einem ständigen Dienst- oder Geschäftsbesorgungsverhältnis stehen,
b) im Laufe des letzten Jahres vor der Wahl eine unter Buchstabe a bezeichnete Stellung innegehabt haben,
c) in dem Unternehmen als Arbeitnehmer oder Arbeitgeber tätig sein,
d) an dem Unternehmen wirtschaftlich wesentlich interessiert sein.
(3) *(Gleichheitssatz, Weisungsfreiheit)* Alle Aufsichtsratsmitglieder haben die gleichen Rechte und Pflichten. Sie sind an Aufträge und Weisungen nicht gebunden.

§ 12
Bestellung der Vorstandsmitglieder
Die Bestellung der Mitglieder des zur gesetzlichen Vertretung berufenen Organs und der Widerruf ihrer Bestellung erfolgen nach Maßgabe des § 75 (jetzt: § 84) des Aktiengesetzes durch den Aufsichtsrat.

§ 13
Der Arbeitsdirektor
(1) Als gleichberechtigtes Mitglied des zur gesetzlichen Vertretung berufenen Organs wird ein Arbeitsdirektor bestellt. Der Arbeitsdirektor kann nicht gegen die Stimmen der Mehrheit der nach § 6 gewählten Aufsichtsratsmitglieder bestellt werden. Das gleiche gilt für den Widerruf der Bestellung.
(2) Der Arbeitsdirektor hat wie die übrigen Mitglieder des zur gesetzlichen Vertretung berufenen Organs seine Aufgaben im engsten Einvernehmen mit dem Gesamtorgan auszuüben. Das Nähere bestimmt die Geschäftsordnung.

M 22
Bilanz der Montanmitbestimmung

Wenn ich hier eine positive Bilanz der 25 Jahre Montanmitbestimmung ziehe, so gilt es besonders, die Schrittmacherdienste auf den verschiedenen Gebieten unseres Arbeits- und Soziallebens herauszustellen.

Das gilt für das Gebiet des Arbeits- und Gesundheitsschutzes. Hier sind werksärztliche Dienste und ein System von Sicherheitsfachkräften schon weit vor den entsprechenden gesetzlichen Auflagen aufgebaut und ausgebaut worden.

Das gilt für das Gebiet der Arbeitsgestaltung und Arbeitsumgebung. Zugegeben, die Anstrengungen auf diesen Gebieten sind auch mehr als notwendig! Die Arbeitsplätze der Stahlindustrie sind auch heute noch gekennzeichnet durch harte Arbeits- und Umweltbedingungen.

Das gilt für das Gebiet der betrieblichen Sozialpolitik. Die Unverfallbarkeit der betrieblichen Altersrenten war lange vor der gesetzlichen Regelung durch Vertrag geregelt – allerdings beschränkte sich diese Regelung nur auf die Eisen- und Stahlindustrie.

Das gilt für den Bereich der Aus- und Weiterbildung. Die Qualität der Ausbildung ist zu einem anerkannten Gütesiegel der Mitbestimmung geworden. Die Forderung der Gewerkschaften nach einer qualifizierten und langfristig verwertbaren Ausbildung ist im Stahlbereich am ehesten verwirklicht worden. Die Unternehmen der Stahlindustrie haben sich auch nicht an dem Ausbildungsboykott anderer Unternehmen zur Verhinderung eines zeitgemäßen Berufsbildungsgesetzes beteiligt. Im Gegenteil! Dank unserer Arbeitsdirektoren ist es gelungen, die Zahl der Ausbildungsplätze zu erhöhen, um somit einen qualifizierten Beitrag zur Behebung der Jugendarbeitslosigkeit zu leisten.

Diese wenigen praktischen Beispiele zeigen, daß durch die qualifizierte Mitbestimmung wichtige Anstöße zur Verbesserung der rechtlichen und materiellen Lage der Arbeitnehmer möglich waren.

Das soll nicht heißen, daß die Arbeitgeber in mitbestimmten Unternehmen diese Dinge freiwillig gegeben haben. Die Arbeitgeber der Montanindustrie verteilen ebensowenig Geschenke an die Arbeitnehmer wie andere Arbeitgeber.

Nur durch das enge Zusammenwirken der Belegschaften, der Vertrauensleute, der Betriebsräte, der Arbeitnehmervertreter in den Aufsichtsräten und der Arbeitsdirektoren waren diese Erfolge möglich.

Nur durch ständigen Kampf auf allen Ebenen in Betrieb und Unternehmen ist es gelungen, unseren gewerkschaftlichen Zielen einen Schritt näher zu kommen.

Die Gewerkschaften haben die positiven Möglichkeiten aus diesem Montanmodell für eine wirksame Interessenvertretung der Arbeitnehmer erkannt.

Die Gewerkschaften haben deshalb gefordert, dieses bewährte Modell auf alle anderen Wirtschaftszweige auszudehnen.

Aus: Rudolf Judith: Erfahrungen mit der Montanmitbestimmung in: Montanmitbestimmung – Geschichte – Idee – Wirklichkeit

M 23
Ebenen der Mitbestimmung

Ebenen der Mitbestimmung

Ebenen	Forderungen	gesetzliche Regelungen auf den verschiedenen Ebenen
Arbeitsplatz	Wahl der Vorgesetzten, mehr Arbeitssicherheit, bei Arbeitsbedingungen und »Tagesnöten« der einzelnen Arbeitnehmer mitbestimmen	Betriebsverfassungsgesetz
Betrieb	Mitbestimmung bei der Fabrikordnung, bei personellen und sozialen Angelegenheiten, bei Arbeitsorganisationen usw.	
Unternehmen	Mitbestimmung bei wirtschaftlichen Angelegenheiten, z. B. über: Investitionen, Art und Umfang der Produktion, Finanzierung und Absatz, Produktionsvollzug, Fusion, Stillegungen	Montanmitbestimmung 1951, Mitbestimmungsgesetz 1976
Gesamtwirtschaft	Mitbestimmung in allen Fragen der Volkswirtschaft, z. B. Strukturpolitik Arbeitsmarkt- und Bildungspolitik, Umgestaltung der Wirtschaft im Interesse der Arbeitnehmer	

Aus: Gewerkschaften und Mitbestimmung, S. 306.

M 24
Entscheidungen auf Unternehmens- und Betriebsebenen

Entscheidungen auf Unternehmens- und Betriebsebene

	Unternehmen	
Unternehmens-ebene	**Führungsentscheidungen** (Besondere Bedeutung für die Beschäftigten sowie für die Vermögens- und Ertragslage · Ausgerichtet auf das Unternehmensganze · Nicht delegierbar)	
	Gebiete grundlegender Entscheidungen	Bereiche laufender Entscheidungen
	Betriebsgründung Fusion Erweiterung Sanierung Liquidation (auch von Betriebsteilen)	Absatz (z. B. Preisgestaltung, Werbung) Produktion (z. B. Produktionsprogramm, -verfahren, Kapazitätsauslastung) Einkauf (z. B. Bezugsquellen) Lagerung (z. B. Lagergröße) Personalbereich (z. B. Einstellung, Entlassung, Arbeitssicherheit) Finanzbereich (z. B. Kreditaufnahme)
Betriebsebene	Entscheidungen im Rahmen der vorgegebenen Führungsentscheidungen	
	Arbeits- und Arbeitsablauforganisation	Arbeitseinsatz Betriebsmitteleinsatz Materialfluß
	Arbeitsplatzgestaltung	
	Einzelentscheidungen in Teilbereichen z. B. Personalbereich	Aus- und Fortbildung Lohnfindung Sozialwesen Arbeitszeitregelung Arbeitsschutz Einstellung, Umsetzung, Entlassung
Arbeitsplatz		

Aus: Gewerkschaften und Mitbestimmung, S. 307.

M 25
Betriebsverfassungsgesetz 1952 (Auszug)

§ 76
Beteiligung der Arbeitnehmer im Aufsichtsrat von Aktiengesellschaften und Kommanditgesellschaften auf Aktien
(1) Der Aufsichtsrat einer Aktiengesellschaft oder einer Kommanditgesellschaft auf Aktien muß zu einem Drittel aus Vertretern der Arbeitnehmer bestehen.
(2) Die Vertreter der Arbeitnehmer werden in allgemeiner, geheimer, gleicher und unmittelbarer Wahl von allen nach § 6[1] wahlberechtigten Arbeitnehmern der Betriebe des Unternehmens für die Zeit gewählt, die im Gesetz oder in der Satzung für die von der Hauptversammlung zu wählenden Aufsichtsratsmitglieder bestimmt ist. Ist ein Vertreter der Arbeitnehmer zu wählen, so muß dieser in einem Betrieb des Unternehmens als Arbeitnehmer beschäftigt sein. Sind zwei oder mehr Vertreter der Arbeitnehmer zu wählen, so müssen sich unter diesen mindestens zwei Arbeitnehmer aus den Betrieben des Unternehmens, darunter ein Arbeiter und ein Angestellter, befinden; § 10 Abs. 3 gilt entsprechend. Sind in den Betrieben des Unternehmens mehr als die Hälfte der Arbeitnehmer Frauen, so soll mindestens eine von ihnen Arbeitnehmervertreter im Aufsichtsrat sein. Für die Vertreter der Arbeitnehmer gilt § 53[2] entsprechend.
(3) Die Betriebsräte und die Arbeitnehmer können Wahlvorschläge machen. Die Wahlvorschläge der Arbeitnehmer müssen von mindestens einem Zehntel der wahlberechtigten Arbeitnehmer der Betriebe des Unternehmens oder von mindestens einhundert wahlberechtigten Arbeitnehmern unterzeichnet sein.
(4) *(Konzernwahl)* An der Wahl der Vertreter der Arbeitnehmer für den Aufsichtsrat des herrschenden Unternehmens eines Konzerns (§ 18 Abs. 1 Satz 1 und 2 des Aktiengesetzes) nehmen auch die Arbeitnehmer der Betriebe der übrigen Konzernunternehmen teil. In diesen Fällen kann die Wahl durch Wahlmänner erfolgen.
(5) *(Abberufung)* Die Bestellung eines Vertreters der Arbeitnehmer zum Aufsichtsratsmitglied kann vor Ablauf der Wahlzeit auf Antrag der Betriebsräte oder von mindestens einem Fünftel der wahlberechtigten Arbeitnehmer der Betriebe des Unternehmens durch Beschluß der wahlberechtigten Arbeitnehmer widerrufen werden. Der Beschluß bedarf einer Mehrheit, die mindestens drei Viertel der abgegebenen Stimmen umfaßt. Auf die Beschlußfassung finden die Vorschriften der Absätze 2 und 4 Anwendung.

M 26
Betriebsverfassungsgesetz 1972 (Auszug)

§ 2
Stellung der Gewerkschaften und Vereinigungen der Arbeitgeber
(1) Arbeitgeber und Betriebsrat arbeiten unter Beachtung der geltenden Tarifverträge vertrauensvoll und im Zusammenwirken mit den im Betrieb vertretenen Gewerkschaften und Arbeitgebervereinigungen zum Wohl der Arbeitnehmer und des Betriebs zusammen.
(2) Zur Wahrnehmung der in diesem Gesetz genannten Aufgaben und Befugnisse der im Betrieb vertretenen Gewerkschaften ist deren Beauftragten nach Unterrichtung des Arbeitgebers oder seines Vertreters Zugang zum Betrieb zu gewähren, soweit dem nicht unumgängliche Notwendigkeiten des Betriebsablaufs, zwingende Sicherheitsvorschriften oder der Schutz von Betriebsgeheimnissen entgegenstehen.
(3) Die Aufgaben der Gewerkschaften und der Vereinigungen der Arbeitgeber, insbesondere die Wahrnehmung der Interessen ihrer Mitglieder, werden durch dieses Gesetz nicht berührt.

§ 70
Allgemeine Aufgaben
(1) Die Jugendvertretung hat folgende allgemeine Aufgaben:
1. Maßnahmen, die den jugendlichen Arbeitnehmern dienen, insbesondere in Fragen der Berufsausbildung, beim Betriebsrat zu beantragen;
2. darüber zu wachen, daß die zugunsten der jugendlichen Arbeitnehmer geltenden Gesetze, Verordnungen, Unfallverhütungsvorschriften, Tarifverträge und Betriebsvereinbarungen durchgeführt werden;
3. Anregungen von jugendlichen Arbeitnehmern, insbesondere in Fragen der Berufsbildung, entgegenzunehmen und, falls sie berechtigt erscheinen, beim Betriebsrat auf eine Erledigung hinzuwirken. Die Jugendvertretung hat die betroffenen jugendlichen Arbeitnehmer über den Stand und das Ergebnis der Verhandlungen zu informieren.
(2) Zur Durchführung ihrer Aufgaben ist die Jugendvertretung durch den Betriebsrat rechtzeitig und umfassend zu unterrichten. Die Jugendvertretung kann verlangen, daß ihr der Betriebsrat die zur Durchführung ihrer Aufgaben erforderlichen Unterlagen zur Verfügung stellt.

§ 80
Allgemeine Aufgaben
(1) Der Betriebsrat hat folgende allgemeine Aufgaben:
1. darüber zu wachen, daß die zugunsten der Arbeitnehmer geltenden Gesetze, Verordnungen, Unfallverhütungsvorschriften, Tarifverträge und Betriebsvereinbarungen durchgeführt werden;
2. Maßnahmen, die dem Betrieb und der Belegschaft dienen, beim Arbeitgeber zu beantragen;
3. Anregungen von Arbeitnehmern und der Jugendvertretung entgegenzunehmen und, falls sie berechtigt erscheinen, durch Verhandlungen mit dem Arbeitgeber auf eine Erledigung hinzuwirken; er hat die betreffenden Arbeitnehmer über den Stand und das Ergebnis der Verhandlungen zu unterrichten;
4. die Eingliederung Schwerbehinderter und sonstiger besonders schutzbedürftiger Personen zu fördern;
5. die Wahl einer Jugendvertretung vorzubereiten und durchzuführen und mit dieser zur Förderung der Belange der jugendlichen Arbeitnehmer eng zusammenzuarbeiten; er kann von der Jugendvertretung Vorschläge und Stellungnahmen anfordern;
6. die Beschäftigung älterer Arbeitnehmer im Betrieb zu fördern;
7. die Eingliederung ausländischer Arbeitnehmer im Betrieb und das Verständnis zwischen ihnen und den deutschen Arbeitnehmern zu fördern.
(2) Zur Durchführung seiner Aufgaben nach diesem Gesetz ist der Betriebsrat rechtzeitig und umfassend vom Arbeitgeber zu unterrichten. Ihm sind auf Verlangen jederzeit die zur Durchführung seiner Aufgaben erforderlichen Unterlagen zur Verfügung zu stellen; in diesem Rahmen ist der Betriebsausschuß oder ein nach § 28 gebildeter Ausschuß berechtigt, in die Listen über die Bruttolöhne und -gehälter Einblick zu nehmen.
(3) Der Betriebsrat kann bei der Durchführung seiner Aufgaben nach näherer Vereinbarung mit dem Arbeitgeber Sachverständige hinzuziehen, soweit dies zur ordnungsmäßigen Erfüllung seiner Aufgaben erforderlich ist. Für die Geheimhaltungspflicht der Sachverständigen gilt § 79 entsprechend.

§ 87
Mitbestimmungsrechte
(1) Der Betriebsrat hat, soweit eine gesetzliche oder tarifliche Regelung nicht besteht, in folgenden Angelegenheiten mitzubestimmen:
1. Fragen der Ordnung des Betriebs und des Verhaltens der Arbeitnehmer im Betrieb;
2. Beginn und Ende der täglichen Arbeitszeit einschließlich der Pausen sowie Verteilung der Arbeitszeit auf die einzelnen Wochentage;
3. vorübergehende Verkürzung oder Verlängerung der betriebsüblichen Arbeitszeit;
4. Zeit, Ort und Art der Auszahlung der Arbeitsentgelte;
5. Aufstellung allgemeiner Urlaubsgrundsätze und des Urlaubsplans sowie die Festsetzung der zeitlichen Lage des Urlaubs für einzelne Arbeitnehmer, wenn zwischen dem Arbeitgeber und den beteiligten Arbeitnehmern kein Einverständnis erzielt wird;
6. Einführung und Anwendung von technischen Einrichtungen, die dazu bestimmt sind, das Verhalten oder die Leistung der Arbeitnehmer zu überwachen;
7. Regelungen über die Verhütung von Arbeitsunfällen und Berufskrankheiten sowie über den Gesundheitsschutz im Rahmen der gesetzlichen Vorschriften oder der Unfallverhütungsvorschriften;
8. Form, Ausgestaltung und Verwaltung von Sozialeinrichtungen, deren Wirkungsbereich auf den Betrieb, das Unternehmen oder den Konzern beschränkt ist;
9. Zuweisung und Kündigung von Wohnräumen, die den Arbeitnehmern mit Rücksicht auf das Bestehen eines Arbeitsverhältnisses vermietet werden, sowie die allgemeine Festlegung der Nutzungsbedingungen;
10. Fragen der betrieblichen Lohngestaltung, insbesondere die Aufstellung von Entlohnungsgrundsätzen und die Einführung und Anwendung von neuen Entlohnungsmethoden sowie deren Änderung;
11. Festsetzung der Akkord- und Prämiensätze und vergleichbarer leistungsbezogener Entgelte, einschließlich der Geldfaktoren;
12. Grundsätze über das betriebliche Vorschlagswesen.

(2) Kommt eine Einigung über eine Angelegenheit nach Absatz 1 nicht zustande, so entscheidet die Einigungsstelle. Der Spruch der Einigungsstelle ersetzt die Einigung zwischen Arbeitgeber und Betriebsrat.

§ 91
Mitbestimmungsrecht
Werden die Arbeitnehmer durch Änderungen der Arbeitsplätze, des Arbeitsablaufs oder der Arbeitsumgebung, die den gesicherten arbeitswissenschaftlichen Erkenntnissen über die menschengerechte Gestaltung der Arbeit offensichtlich widersprechen, in besonderer Weise belastet, so kann der Betriebsrat angemessene Maßnahmen zur Abwendung, Minderung oder zum Ausgleich der Belastung verlangen. Kommt eine Einigung nicht zustande, so entscheidet die Einigungsstelle. Der Spruch der Einigungsstelle ersetzt die Einigung zwischen Arbeitgeber und Betriebsrat.

M 27
Mitbestimmung für Arbeitnehmer – Wo? Für wieviele? Wie?

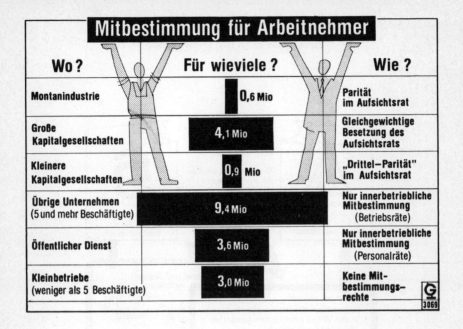

M 28
Aufbau der betrieblichen Interessenvertretung

Betriebsrat, Jugendvertretung und Vertrauenskörper
Zusammenhänge und Unterschiede

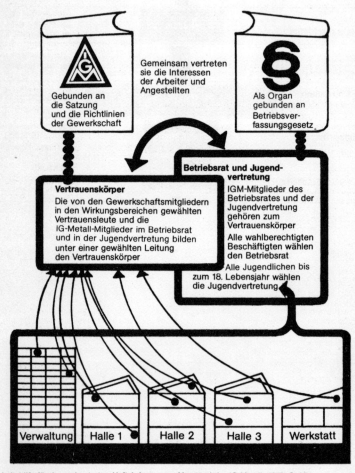

Aus: Arbeitshilfe für Jugendvertreter, Heft 1, hrsg. vom Vorstand der IG Metall, 1978, S. 98

M 29
Arbeit der Jugendvertretung

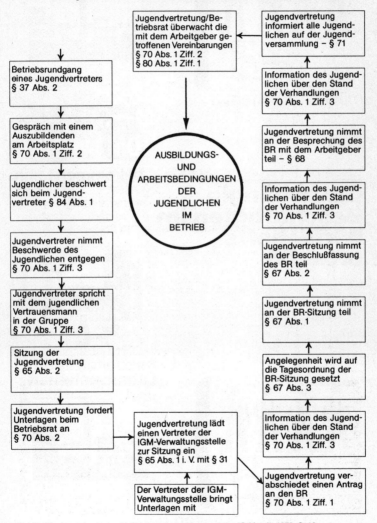

Aus: Arbeitshilfe für Jugendvertreter, Heft 1, hrsg. vom Vorstand der IG Metall. 1978, S. 16

M 30
Die abhängig Beschäftigten im Wirtschaftsprozeß

Aus: Gewerkschaften und Mitbestimmung, S. 148

M 31
Das Kapital der Unternehmer im Wirtschaftsprozeß

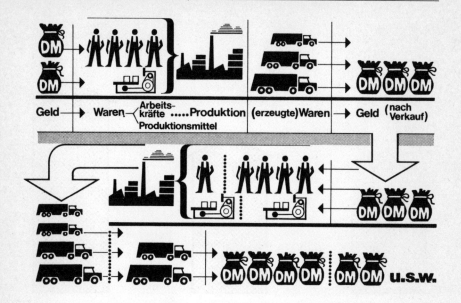

Aus: Gewerkschaften und Mitbestimmung, S. 147

M 32
Unterschiedliche Qualität der Einwirkungsmöglichkeiten des Betriebsrats

Schwache Rechte:
Information
Anhörung
Beratung

Veto-Rechte
Interessen-
ausgleich

erzwingbare Mitbestim-
mungsrechte

z.B. bei wirtschaftlichen Änderungen des Betriebes

z.B. bei Kündigungen, Versetzungen

z.B. bei sozialen Angelegenheiten wie Beginn und Ende der Arbeitszeit

M 33
Informationsmöglichkeiten des Betriebsrats, der Jugendvertretung und der gewerkschaftlichen Vertrauensleute

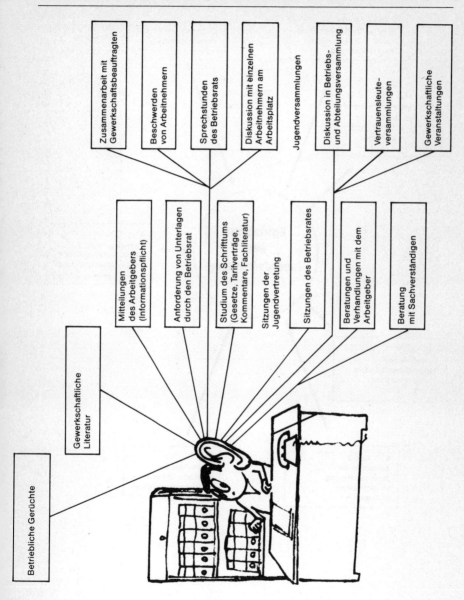

M 34
Zusammenarbeit Betriebsrat – Jugendvertretung

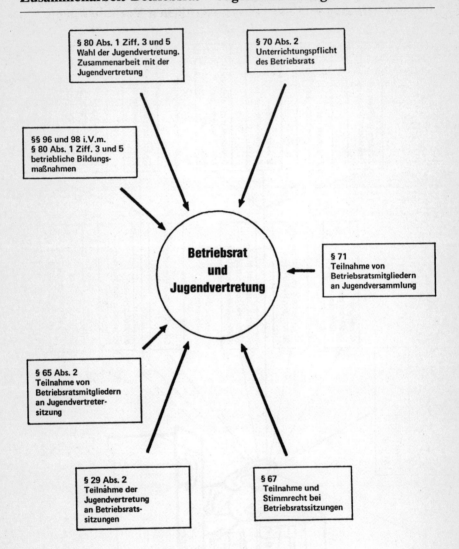

M 35
Lösungsmöglichkeiten durch die betriebliche Interessenvertretung

LÖSUNGSMÖGLICHKEITEN
DURCH DIE BETRIEBLICHE INTERESSENVERTRETUNG

Bestands- } o Der Betriebsrat macht Rundgänge im Betrieb und informiert sich
aufnahme   }   bei den abhängig Beschäftigten.

           } o Die abhängig Beschäftigten gehen während ihrer Arbeitszeit zum
           }   Betriebsrat und beschweren sich.

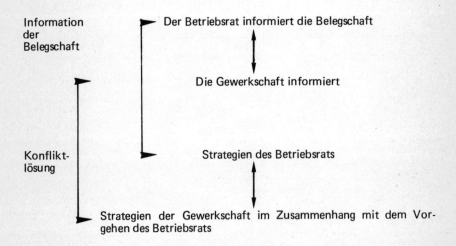

Information der Belegschaft
- Der Betriebsrat informiert die Belegschaft
- Die Gewerkschaft informiert

Konfliktlösung
- Strategien des Betriebsrats
- Strategien der Gewerkschaft im Zusammenhang mit dem Vorgehen des Betriebsrats

o Gewerkschaftliche Vertrauensleute sammeln Beschwerden und bringen sie bei gemeinsamen Besprechungen mit den Gewerkschaftern im Betriebsrat vor.

o Die abhängig Beschäftigten diskutieren ihre Probleme auf der Belegschaftsversammlung und stellen Anträge zur Arbeit des Betriebrats.

- auf Betriebsversammlungen
- durch Aushänge
- bei Gesprächen am Arbeitsplatz
- durch persönliche Gespräche mit den Betroffenen

- durch ihre Vertrauensleute auf den Betriebsversammlungen
- durch Gespräche am Arbeitsplatz
- durch Zeitungen, Flugblätter, Aushänge
- durch Kundgebungen
- durch Mitgliederversammlungen

- Verhandlungen mit dem Unternehmer
- Ausschöpfung tarifvertraglicher bzw. gesetzlicher Rechte
- Einigungsstellenverfahren
- Klage bei Arbeitsgerichten

- Information über den Konflikt
- Darstellung der gewerkschaftlichen Ziele
- Antrag auf Einberufung einer Betriebsversammlung, um das Problem und seine Lösungen zu diskutieren
- Publizierung des Problems über den betroffenen Betrieb hinaus
- spontane Arbeitsniederlegung

M 36
»Wir müssen das Betriebsverfassungsgesetz voll ausschöpfen«

Aus: Gewerkschaften und Mitbestimmung, S. 428

M 37
Aufgaben der betrieblichen Interessenvertretung, der Gewerkschaften und des Gesetzgebers zur Verbesserung der Berufsausbildung

	auf der betrieblichen Ebene (Betriebsrat, Jugendvertretung)	über tarifvertragliche Regelungen (Gewerkschaft)	durch Gesetze, Verordnungen (Gestaltungsaufgabe des Staates)
Qualität der Ausbildung verbessern durch:	Ausweitung der betrieblichen Mitbestimmung des Betriebsrats in Fragen: – der Personalplanung – wer an welchen Arbeitsplatz kommt – der Einrichtung von Berufsbildungsmaßnahmen	Sicherung der Qualifikation des/der abhängig Beschäftigten Eckdaten, die die Qualität der Ausbildung angeben, um eine gleichwertige Ausbildung – unabhängig vom Ausbildungsbetrieb – sicherzustellen	Ausbildungsordnungen Rahmenlehrpläne Erhaltung des Lernorts Betrieb ohne das duale Ausbildungssystem, das den Lernort Berufsschule vom Lernort Betrieb trennt, beizubehalten neues Berufsbildungsgesetz
Quantität Aus- und Weiterbildung verbessern	Ausweitung qualifizierter Ausbildungsplätze Weiterbildung unter Fortzahlung des Arbeitsentgelts	Finanzierung von Aus- und Weiterbildung durch Branchenfonds in die *alle* Unternehmer einzahlen	Ablösung der einzelbetrieblichen Finanzierung der Berufsbildung durch Dauerabgabe *aller* Betriebe
Durchsetzung	Mitbestimmung bei der Organisation der Arbeit	Mindestarbeitsinhalte und damit Verhinderung von entqualifizierenden Tätigkeiten bzw. Arbeitsplätzen	Änderung der Arbeitszeitordnung und damit Schaffung neuer qualifizierter Arbeitsplätze Ausweitung des Arbeitsschutzes über den Gesundheitsschutz hinaus

M 38
Schülerfragebogen: Demokratie und Mitwirkung in der Schule

Versucht, folgende Fragen zu beantworten:

1. Gibt es Demokratie und Mitwirkung in der Schule?

2. Wenn ja, nennt bitte Beispiele:

Wer wirkt mit? Wer vertritt Interessen der Schüler?

3. Woher könnt Ihr Informationen beziehen zu »Mitwirkung in der Schule«?

4. Wer entscheidet in der Schule?

M 39
Mitwirkung in der Schule

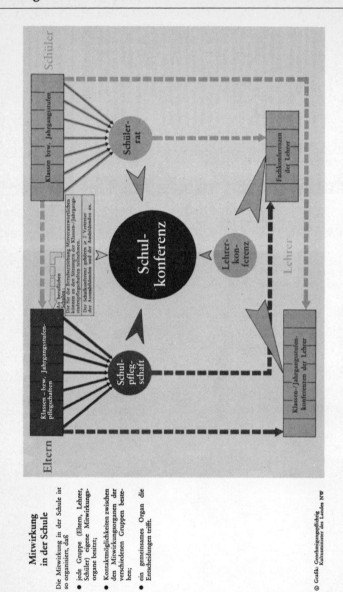

Mitwirkung in der Schule

Die Mitwirkung in der Schule ist so organisiert, daß
- jede Gruppe (Eltern, Lehrer, Schüler) eigene Mitwirkungsorgane besitzt;
- Kontaktmöglichkeiten zwischen den Mitwirkungsorganen der verschiedenen Gruppen bestehen;
- ein gemeinsames Organ die Entscheidungen trifft.

Abdruck aus der Informationsschrift »Mitwirkung – Eine Information für Eltern und Schüler über das Schulmitwirkungsgesetz (SchMG)«, Hrsg.: Der Kultusminister des Landes Nordrhein-Westfalen, 3. Auflage 1979.

M 40
Schülerarbeitsblatt zur Auswertung von Fallbeispielen

Schüler-Arbeitsblatt
zur Auswertung von Fallbeispielen zu Mitbestimmung und Interessenvertretung

1. Worum geht es in diesem Konflikt?

2. Schreibe die unterschiedlichen Interessen auf

z. B. Arbeitnehmer/Betriebsrat/Gewerkschaft	Unternehmer

3. Welche Lösungsmöglichkeiten gibt es?

M 41
100 Jahre Unternehmerargumente

Ursachen der Wirtschaftskrise

1977
»Und selbst wenn die reale Entwertung der Löhne von den Arbeitnehmern hingenommen würde, sprächen immer noch alle Gründe gegen diesen Weg, die für ein stabiles Preisniveau zu nennen sind. Eine zurückhaltende Lohnpolitik wäre auf jeden Fall der bessere, weil inflationsfreie Weg, zu mehr Beschäftigung.« *(Sachverständigenrat, Jahresgutachten 1977/78, Seite 7)*
Das überhöhte Lohnniveau in der Bundesrepublik stört die Investitionstätigkeit der Unternehmung, reduziert das Angebot und damit die Möglichkeit, zur Vollbeschäftigung zu kommen. Die vom Sachverständigenrat vorgeschlagenen Maßnahmen sind entsprechend Umverteilung durch Lohnzurückhaltung der Gewerkschaften. Das beinhaltete die Aufgabe der »aggressiven« Lohnpolitik, Lohnabschluß unterhalb der Linie kostenniveauneutraler Löhne (ohne Anrechnung der Preissteigerung) und längere Laufzeiten der Tarifverträge.

1875
»Wir produzieren teurer, schon weil die Löhne für gleiche Leistung gestiegen sind; wir produzieren weniger, weil die tägliche Arbeitszeit verkürzt worden ist, weil die Streiks ... eine enorme Zeitverschwendung bedingten und weil der höhere Lohn vielfach nur zu Bummelei verlockte ...; wir produzieren schlechter, weil unser Arbeiterstand in seiner technischen Schulung und moralischen Disziplin zurückgegangen ist.« *(Beitrag in der »Schlesischen Zeitung« vom April 1875)*

Zahlenkosmetik – statt Krisenlösung

1977
- 911 239 registrierte Arbeitslose September 1977.
- ./. 179 805 Teilzeitarbeitsuchende.
- ./. 42 718 Arbeitslose, 59 Jahre und älter.
- ./. 39 738 Schwerbehinderte.
- ./. 223 692 26% der Arbeitslosen »machen gesundheitliche Einschränkungen geltend«.
- ./. 98 360 Arbeitslose unter 20 Jahren, die z. T. regional wenig mobil sind und geringe Bereitschaft zeigen, wenig attraktive Arbeitsplätze anzunehmen.
- ./. 80 235 Ausländer, die vermittelbar wären, würden offene Stellen nicht erst deutschen Arbeitslosen angeboten.
- ./. 256 220 Arbeitslose, die weder Arbeitslosengeld noch Arbeitslosenhilfe beziehen – weil sie ihren Anspruch aus eigenem Verschulden verwirkt haben.
- ./. 190 471 „echte Arbeitslose"
- 635 000 Offene Stellen (...)
- 444 529 Überangebot an Arbeitsplätzen (...)

(Berechnungen des hessischen Wirtschaftsministers H. H. Karry in: Handelsblatt vom 17. Oktober 1977)

1907
»Meine Herren, wer ist denn heutzutage arbeitslos?
Da kommen zuerst diejenigen in Frage, die die Arbeit aufgegeben haben oder haben aufgeben müssen infolge eines Lohnkampfes, also die streiken oder ausgesperrt worden sind...
Alsdann kämen diejenigen in Frage, die um eines vorübergehenden höheren Lohnes willen die sichere Brotstelle aufgegeben haben.«

(Aus einer Rede des Abgeordneten Graf von der Schulenburg – Grünthal im preußischen Herrenhaus am 5. Juni 1907; Quelle: HST, Sozialdemokrat 12/74)

Das Fest der Faulenzer ist vorbei

1977

»Reden muß man aber über jene gewiß nicht kleine Zahl von Mitbürgern ... die rücksichtslos das perfekte Sozialsystem der Bundesrepublik vor den eigenen Karren spannt. Nicht weniger als 121 700 Arbeitslosen wurde in den ersten fünf Monaten dieses Jahres für eine Zeitlang die Arbeitslosenunterstützung gesperrt ... Rückbesinnung ist notwendig. Man möchte den Verantwortlichen und den Gleichgültigen, den Ängstlichen und Zögernden, den Blinden und Törichten ein Wort des Amos aus dem Alten Testament vorlesen, wo es heißt: ›Sie ruhen auf Elfenbeinlagern und strecken sich auf weichen Polstern, sie verzehren die Lämmer und die Kälber mitten aus der Herde. Sie trinken Wein aus Humpen und salben sich mit kostbarem Öl, aber um den Untergang Josefs kümmern sie sich nicht. Darum sollen sie an der Spitze der Verbannten marschieren. Das Fest der Faulenzer ist vorbei.‹«
(Karl Darscheidt, Hauptgeschäftsführer der Industrie- und Handelskammer in Koblenz, Quelle: Themenkreis Gewerkschaft und Gesellschaft I, DGB)

1907

»Meine Herren, wenn es diesen Leuten einmal kurze Zeit hindurch schlecht geht, so schadet das nichts ...«
(Aus einer Rede des Abgeordneten Graf von der Schulenburg – Grünthal im preußischen Herrenhaus am 5. Juni 1907; Quelle: HST, Sozialdemokrat 12/74)

Qualifizierte Mitbestimmung in Theorie und Praxis

Herausgegeben von Rudolf Judith, Friedrich Kübel, Eugen Loderer, Hans Schröder, Heinz Oskar Vetter

Ziel dieser Buchreihe ist es, sowohl die theoretischen Grundlagen, die politischen Ziele als auch die langjährigen Erfahrungen der Montanmitbestimmung zu dokumentieren und zur Diskussion zu stellen. Es ist das Anliegen der Herausgeber, gerade den umfangreichen Erfahrungsschatz der qualifizierten Mitbestimmung einem breiten Publikum zugänglich zu machen und in die Diskussion um die Demokratisierung einzubringen. Damit werden Theorie und Praxis der qualifizierten Mitbestimmung erstmalig in einer Buchreihe geschlossen dargestellt. Die Buchreihe wendet sich an Gewerkschafter, Wissenschaftler und Politiker.

Die ersten Bände:

Montanmitbestimmung
Geschichte, Idee, Wirklichkeit

Montanmitbestimmung
Dokumente ihrer Entstehung

Autorengemeinschaft
Sozialplanpolitik in der Eisen- und Stahlindustrie
Mit ausgewählten Sozialplänen

Rudolf Judith u. a.
Die Krise der Stahlindustrie –
Krise einer Region
Das Beispiel Saar

Adi Ostertag (Hrsg.)
Arbeitsdirektoren
berichten aus der Praxis

Gerhard Förster, Günter Geisler, Günter Gerlach, Heinz-Ludwig Kalthoff, Heinz Lukrawka, Günther Nagel, Ernst Viebahn
Ergonomie
Ein Schwerpunkt praktizierter Mitbestimmung

Als weitere Titel werden vorbereitet:

Der Kampf gegen die Demontage – Dokumentiert am Beispiel Watenstedt-Salzgitter 1945 bis 1951

Aus- und Weiterbildung in mitbestimmten Unternehmen

Arbeitssicherheit, Rehabilitation und werksärztlicher Dienst

Mitbestimmung aus der Sicht der Betriebsräte und Vertrauensleute

Bund-Verlag

Theorie und Praxis der Gewerkschaften

Willy Brandt,
Leonard Woodcock (Hrsg.)
Festschrift für Eugen Loderer zum 60. Geburtstag

Gewerkschaftliche Politik: Reform aus Solidarität
Zum 60. Geburtstag von Heinz O. Vetter
Herausgegeben von Ulrich Borsdorf, Hans O. Hemmer, Gerhard Leminsky, Heinz Markmann

Gewerkschaften – Wissenschaft – Mitbestimmung
25 Jahre Studien- und Mitbestimmungsförderungswerk des Deutschen Gewerkschaftsbundes
Im Auftrag der Hans-Böckler-Stiftung herausgegeben von Ulrich Borsdorf und Hans O. Hemmer

Otto Kahn-Freund
Arbeit und Recht
Hamlyn Lectures Series
Aus dem Englischen übersetzt von Franz Mestitz

Reiner Kalbitz
Aussperrungen in der Bundesrepublik
Die vergessenen Konflikte

Siegfried Katterle,
Karl Krahn (Hrsg.)
Arbeitnehmer und Hochschulforschung
Mit Beiträgen von Gerhard Bosch, Wolfgang Lieb, Helmut Schmidt, Guido Tolksdorf

Siegfried Katterle und
Karl Krahn (Hrsg.)
Wissenschaft und Arbeitnehmerinteressen
Vorwort: Heinz Oskar Vetter
Mit Beiträgen von Gerhard Bosch, Johann Frerichs, Wolfgang Lieb, Helmut Schmidt, Ute Stoltenberg, Guido Tolksdorf, Norbert Trautwein

Eugen Loderer
Reform als politisches Gebot
Reden und Aufsätze zur Gesellschaftspolitik

Ekkehart Stein, Erwin Reisacher (Hrsg.)
Mitbestimmung über den Arbeitsplatz

Verein zur Förderung der Studienreform (Hrsg.)
Hochschulausbildung im Arbeitnehmerinteresse
Kooperation von Gewerkschaften und Hochschulen

Heinz Oskar Vetter
Gleichberechtigung oder Klassenkampf
Gewerkschaftspolitik für die achtziger Jahre

Heinz O. Vetter
Mitbestimmung – Idee, Wege, Ziel

Rainer Zoll (Hrsg.)
Arbeiterbewußtsein in der Wirtschaftskrise
Erster Bericht: Krisenbetroffenheit und Krisenwahrnehmung
Von Henri Bents, Hans-Hermann Braune, Birgit Geissler, Enno Neumann, Rainer Volz, Rainer Zoll

Bund-Verlag